Cómo hacer realidad sus sueños

OSVALDO CARNIVAL

Vida®
Dedicados a la excelencia

La misión de ***Editorial Vida*** es proporcionar los recursos necesarios a fin de alcanzar a las personas para Jesucristo y ayudarlas a crecer en su fe.

CÓMO HACER REALIDAD SUS SUEÑOS
Publicado por Editorial Vida
Miami, Florida

Edición: *Gisela Sawin*
Diseño interior: *Gisela Sawin*
Diseño de cubierta: *Gisela Sawin*

ISBN – 10: 0-8297-4739-7
ISBN - 13: 978-0-8297-4739-3

Categoría: RELIGIÓN / Vida cristiana / Crecimiento personal

Impreso en Estados Unidos de América
Printed in the United States of America

07 08 09 10 ______6 5 4 3 2 1

Contenido

Introducción

¡Bienvenido a la asombrosa aventura de conquistar su propio futuro!

No se trata de ir caminando por la vida con una actitud de resignación y asumiendo que el escenario que se levanta hoy frente a sus ojos es todo lo que hay. ¡No! Usted puede disfrutar de su presente y saturar su futuro con una profunda expectativa. ¡Sí! ¡Así es! Solo necesita una cosa: Permitir que emerjan los sueños que están atrapados en su interior.

La vida es maravillosa y merece ser vivida correctamente; por lo tanto, no se puede pasar por ella sin SOÑAR. Los sueños son el condimento indispensable para lograr hacer de la existencia humana una experiencia extraordinaria. «Muéstreme un obrero con grandes sueños, y en él encontrará un hombre que puede cambiar la historia. Muéstreme un hombre sin sueños, y en él hallará a un simple obrero» (J.C. Penney).

¿Cuál es la diferencia entre estas dos clases de personas? La capacidad de soñar. El sueño nos lleva a ver más allá de lo inmediato. Nos invita a salir del propio horizonte y atrevernos a explorar el terreno que hay por delante. Casi todos tenemos la tendencia de confundir los límites de nuestra propia visión con los del mundo que nos rodea. Sin embargo, algunas personas no lo hacen. ¡Únase a los soñadores! El poseer un sueño es la puerta de ingreso a una vida apasionante. Si se atreve a soñar, puede suceder que esto implique correr algunos riesgos, lo cual suena algo alarmante; pero es que la vida no pasa por no correr riesgos, sino por lanzarse con esperanza a la aventura de conquistar su propio destino. «Su vida tiene propósito».

Todos poseemos la capacidad de soñar

En los primeros años de vida, esto es muy usual; es común ver cómo los niños sueñan.

Tengo tres hijos varones que están creciendo a pasos agigantados. Sin embargo, a pesar del transcurso del tiempo, aún conservo recuerdos muy hermosos de cuando eran pequeños. Si cierro mis ojos, puedo verlos el día en que nacieron, en el momento del parto, cómo estaban arrugados y colorados. Tengo presentes sus primeras palabras (mi esposa y yo a veces, recordamos alguna, imitando la forma en que ellos la pronunciaban) y la inseguridad de sus primeros pasos.

Pero me acuerdo de un hecho que, por ese entonces, me hizo reflexionar. Cierta vez, uno de mis hijos estaba junto a mí, jugando con un autito, mientras yo me dedicaba a preparar unos escritos. Él estaba sumamente entretenido, se podría decir, absorto en su mundo. Llevaba al auto de un sitio a otro con rapidez, acompañando el andar con un fuerte sonido que imitaba el ruido de un motor encendido. De repente, observé que el auto despegaba sus ruedas del piso y seguía su trayectoria por el aire. Desde mi óptica de adulto, quise corregirlo, lo miré y le dije: «Hijo, los autos no vuelan».

A lo que él me respondió con mucha naturalidad: «Papi, el mío sí».

Y continuó jugando tranquilamente.

Algo nos ocurre cuando crecemos: entramos al mundo de los adultos y, si las cosas no son razonables, entonces pensamos que no pueden ser ciertas. ¡Qué error! Ese día quise enseñarle a mi hijo; sin embargo, él me enseñó a mí.

En palabras de Thoreau: «Si has construido tus castillos en el aire, tu trabajo no tiene que perderse. Ahí es donde deben estar. Lo único que te falta es colocar los cimientos debajo de ello. ¡Manos a la obra!».

Innumerables son las personas que lo han hecho y, cada vez, se suman más; ¡no se pierda esta oportunidad que hoy tiene frente a usted: sea parte, comprométase con su propia vida!

Si por un momento pensáramos en hacer una lista de todos aquellos que han logrado alcanzar sus metas y se destacan en las diferentes disciplinas, podríamos caer en el error de considerar que esta gente ha sido afortunada, como si solo se tratara de una cuestión de suerte. La frase popular dice: «Algunos nacen con estrellas, y otros... estrellados». Sin embargo, cada vez, al tratar con las personas o al investigar, me convenzo de todo lo contrario.

Roberto Goizueta, de origen cubano, fue, quizás, el empresario más rico e influyente de Estados Unidos. Durante dieciséis años dirigió los destinos de la Coca-Cola. Cuando le preguntaron cuál era su mejor rasgo, respondió: «Soy muy tenaz».

Sus asociados en Coca-Cola lo consideraban como un empleado con una enorme dedicación, un hábil administrador que cada tarde cuando se iba dejaba su escritorio totalmente despejado. Él creía en la virtud de asignarle prioridades a sus actividades y en trabajar de cosa en cosa, paso a paso, hasta completar los proyectos empezados, una virtud muy común entre las personas de éxito. Fue justamente esa tenacidad de carácter la que le permitió enderezar el rumbo de una compañía que se encontraba paralizada cuando él tomó el mando en 1981. Estaba valuada en cuatro mil millones de dólares y, durante su tiempo como presidente llegó a valer más de ciento cincuenta mil millones. Goizueta lo logró adoptando estrategias agresivas que incluyeron la introducción de la Coca-Cola sin cafeína, la Diet Coke, que ha sido un enorme éxito, y otras, que ayudaron a cuadriplicar los ingresos de la empresa.

Roberto había ingresado en la división cubana de Coca-Cola, en 1954 y, en 1961, se mudó con su esposa y sus tres hijos a Atlanta, la sede central de la marca. Su ascenso fue continuo, hasta alcanzar el puesto más alto. Cuando lo designaron presidente, la sorpresa fue general, ya que él venía de la parte técnica y no tenía ninguna experiencia operativa; hablaba con un acento entre cubano y sureño; y, ciertamente, resultaba un tanto extraño que un químico latino fuera a manejar la compañía que fabricaba uno de los productos más representativos de la cultura estadounidense.[1]

[1] Historia tomada de: *Piense como un millonario*, de Camilo Cruz y Brian Tracy.

La frustración puede golpear a su puerta

La frustración tiene dos maneras de ingresar a su vida. La primera y más cómoda es hacerlo fracasar por no lograr desarrollar su capacidad de trazarse metas y alcanzarlas; es decir, muchos fracasan por no tener un sueño por el cual vivir y entregar toda su energía. Andan por ahí, envidiando los logros ajenos, quejándose del destino que les tocó, aburriéndose de todo o casi todo; y así, se le pasan los meses y los años. Llegan a viejos convencidos de que ese era el único camino trazado para ellos. Se les va la vida.

La segunda manera en que otros experimentan la frustración es por no lograr realizar un sueño concebido. Esta es una de las más convincentes, ya que, por lo menos, hubo intentos y estos no fueron válidos. De alguna forma quedamos atrapados en el gran peso anímico que conlleva el fracaso, se levantan grandes monumentos que dicen: «Imposible». Cuando, en realidad, fracasar no significa que somos unos fracasados, sino que todavía no hemos tenido buen éxito; como tampoco quiere decir que no hemos logrado nada, sino que hemos descubierto el camino incorrecto.

Fallar no significa que no lograremos alcanzar nuestros objetivos; solo indica que tardaremos un poco más en hacerlo.

«Los hombres han nacido para triunfar, no para fracasar.» ¿Por qué vivir aplastado por los problemas cuando posee la fuerza de sobreponerse a ellos y lograr sus objetivos?

Puede que haya tenido un mal comienzo, pero esto no determina su futuro, aún puede alcanzar el éxito. Este es el relato de una persona que no tuvo un buen comienzo, pero logró superarse: «No sé exactamente dónde nací. Creo que en Atlantic City. Tampoco sé quienes fueron mis padres: fui huérfano y me adoptaron. Salí al mundo con unos pocos dólares en el bolsillo», comentó un hombre, en una reunión con amigos.

Después de muchas vicisitudes, este muchacho huérfano se consiguió un empleo como ayudante en un restaurante en Fort Wayne, Indiana. Siendo muy laborioso y capaz de pensar, se desempeñó bien. Tiempo después, su jefe lo mandó a ver qué podía hacer con un pequeño restaurante, en Columbus, Ohio, que estaba fracasando. Pero David no tuvo éxito allí, hasta que se dio cuenta de que en la carta se ofrecían demasiados platos, lo cual exigía tener grandes existencias y era difícil hacer ganancias. Con un menú más reducido el joven cambió totalmente el aspecto del negocio. Logró una utilidad y con ésta abrió un restaurante de hamburguesas porque desde chico le habían encantado. Le dio el nombre de una de sus hijas: WENDY, y empezó a progresar. David Thomas siempre empleaba carne de primera, constantemente añadía nuevas características y creó atractivos puntos de venta. Aprovechó con tanto éxito su inteligencia y su gran fe que, hoy, la cadena Wendy´s es una de las más grandes, compuesta por miles de restaurantes, en todo Estados Unidos. Además, está considerada entre las mejores de este tipo de negocio.

Las cosas pueden comenzar mal; pero, si se lo propone, puede superar cualquier adversidad por dura y difícil que esta parezca. El poseer un sueño marca la diferencia.

Usted puede ser inmensamente feliz

Me animo a decirlo, primero, porque lo experimenté, y luego, porque día tras día puedo ver cómo muchos se levantan, en medio de grandes catástrofes personales, y rehacen su vida movidos por el impulso de un nuevo sueño. Es mi deseo poder acompañarlo a través de estas páginas y ayudarlo a superar los obstáculos que le impiden alcanzar sus objetivos. En este libro encontrará dirección y aliento para no bajar los brazos y para disfrutar cada día con plenitud. ¡La vida es maravillosa!

No espere a que se le presente la oportunidad, ¡búsquela! Y, si no aparece, ¡*créela*!; pero, definitivamente, si algo va a suceder, comenzará por usted mismo.

Veo un mal en nuestros días, y es la capacidad que tenemos de echarles a otros la culpa de lo que nos sucede. Los responsables son de todo tipo, desde los más allegados y conocidos nuestros, hasta otros, de los cuales apenas sabemos sus nombres. Mientras no decidamos terminar con esto, difícilmente progresaremos en la conquista de nuestro propio destino. Cada uno de nosotros somos los diseñadores de nuestro mundo; si bien, desde afuera, existen situaciones que no podemos evitar, finalmente, somos nosotros los que decidimos qué hacer. Creo que debemos madurar y tener una mirada más responsable de nuestra propia vida.

Estimado lector, a través de las claves que iremos viendo en cada capítulo, es mi deseo poder ayudarlo a hacer realidad su sueño. Si al aplicar los distintos principios, su vida encuentra diferentes cambios, me agradaría que me lo hiciera saber, escribiendo a: osvaldocarnival@sion.com, o ingresando a: www.osvaldocarnival.com.ar. Su testimonio puede ayudar a muchos que, al igual que usted, hoy se encuentran en un momento de decisión.

Hay una fuerza arrolladora en su interior. Usted y solo usted puede cambiar su presente. ¡Despierte, el futuro está en sus manos, sea el dueño de su destino!

¡Adelante, esto recién comienza!

Atrévase a soñar...

La visión transforma lo inexistente en existente.

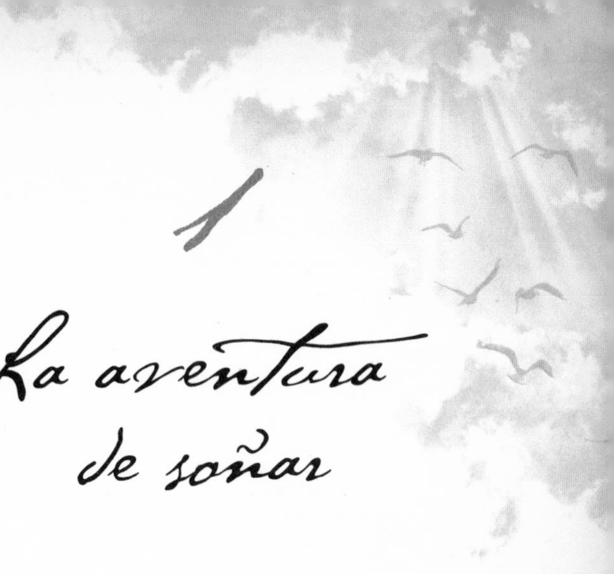

1

La aventura de soñar

El nombre Tiger Woods encierra todo un símbolo para los amantes del golf. Cuando este hombre era solo un niño pegó en la pared frente a su cama fotos de Jack NicLaus, donde se veía ganando diferentes premios internacionales. NicLaus es llamado «El Oso de Oro», uno de los más famosos de la historia del golf.
Al entrar su padre a la habitación, Tiger le dijo: «Papá, yo voy a lograr cada uno de sus premios».

Cuando Tiger tenía alrededor de doce años de edad una persona se acercó a Niclaus y le dijo:
—Quiero que veas jugar al golf a un niño, y lo llevó frente a Tiger.
Al observarlo quedó sorprendido y expresó:
—Él no solo será capaz de alcanzar mis logros, sino que los superará ampliamente.

Hoy Tiger Woods es toda una leyenda. Es el único jugador de la era moderna que alcanzó los cuatro títulos más importantes de una sola vez. El relator del Abierto de los Estados Unidos expresó lo siguiente: «Esta es la hazaña más grande que alguien haya alcanzado jamás en cualquier deporte. ¡Hemos sido testigos de un milagro!».

Generalmente, se piensa que la plenitud de este deporte se alcanza a los cuarenta años; sin embargo, él llegó a conquistar la cima, mucho antes.

¿Qué cosa marcó la diferencia? Un sueño.

¿Tiene usted su propio sueño?

Personas diferentes

En la vida conviven tres grupos de personas:

Los pasivos: Esta gente no se preocupa demasiado por los problemas personales y, mucho menos, por los de los demás. Su mente es limitada; mientras tiene lo necesario para dormir y comer, se siente satisfecha y contenta. Frecuentemente dice: «Como usted diga, como usted quiera». Siempre está sujeta a lo que otros digan. Trabaja, pero siempre dirigida por los demás.

Los realizadores: Este grupo está constituido por gente inquieta, activa. Personas que trabajan mucho. Por lo general, una vez alcanzado un logro, se trazan una nueva meta. Viven poniéndose un techo, un límite. Buscan una jubilación y disfrutan de lo sembrado. Se sienten satisfechos al alcanzar una meta.

Los soñadores: Son personas que tienen las mismas

características que los realizadores, solo que no tienen LÍMITE, siempre van más allá, mueren haciendo: no los detienen las dificultades; nunca se imponen un techo, anhelan y quieren más. Son los que todo lo transforman: donde ellos pasan, nada permanece igual. Son generadores innatos de nuevas atmósferas. Cambian el clima en la familia, los barrios, las ciudades, las naciones.

¿A qué grupo pertenece usted? ¿Pasivos, realizadores o soñadores?

Hay una marcada diferencia entre lo ordinario y lo extraordinario, y está en el prefijo «extra». Para transformar algo ordinario en extraordinario se necesita algo «extra»: extra tiempo, extra esfuerzo, extra compromiso, dinero, amor. Lo extraordinario se alcanza con algo «extra». Cada vez que usted se conforme con hacer lo mínimo indispensable, nada sucederá. La diferencia la hará, definitivamente, lo «extra».

Los hombres y mujeres que cambiaron el curso de la historia fueron protagonistas y no solo espectadores.

Se sabe con certeza que siempre resulta más fácil «hablar» que «hacer». Este es el gran dilema: ¿seremos meros espectadores o comprometidos protagonistas?

Por un momento, el espectáculo que se vive en una Plaza de Toros me hace reflexionar acerca de este tema. Por un lado, vemos la *multitud:* cómodamente sentada, disfrutando de algún refresco y riéndose con amigos. Por el otro, observamos al *torero:* un hombre de contextura física pequeña, de alrededor de cincuenta y ocho kilos, que, con mucho esfuerzo y dedicación se entrenó y se preparó para enfrentar, tanto física como mentalmente, a un enfurecido toro. Y a pocos metros del torero nos encontramos con el *mismísimo toro:* una gran masa de carne enfurecida dispuesta a arremeter contra lo que se le pare delante.

En este escenario se mezclan todos, pero los niveles de protagonismo son totalmente diferentes; si no, ¡pregúntele al torero!

El público cumple con su función de ser espectador, no sabe nada acerca del duro entrenamiento al que se sometió el torero y ni siquiera se anima a acercarse a la arena; simplemente, todos, sentados cómodamente en sus butacas, están dispuestos a observar, disfrutar y, por supuesto, OPINAR acerca de todo lo que allí suceda. Desde afuera es fácil juzgar acerca del desempeño del torero y proponer diferentes estrategias o alternativas; pero recordemos: entre esa gran multitud, solo un menudo hombre se animó a bajar a la arena y enfrentar al toro. En ese momento, solo hay un hombre y un toro rabioso.

Note la diferencia: *una persona* que se juega la vida, y otros —una multitud— que, sin riesgo alguno, solo se limitan a opinar.

Esta es la imagen que muchas veces veo reflejada en la vida: personas que se encuentran solas, frente al enorme y poderoso toro. ¿Se ha sentido alguna vez como una de ellas?

Para muchos, es más sencillo ser espectador que protagonista de la historia. Aunque esta es una actitud mediocre y poco complicada, son ellos los que destacan la forma de hacerlo, sin tener que «exponer el pellejo».

Sin embargo, el protagonista de la historia es el que a través del compromiso y la dedicación se siente parte vital de ella y, lo que es más, de «su propia historia». Sabe y asume que su participación puede provocar un inmenso cambio. Su pasión por ser parte activa lo motivará a entregarse por completo, correrá todos los riesgos, no esquivará ningún compromiso; simplemente, se dedicará a llevar adelante su propósito con excelencia y responsabilidad.

¿Cómo vive su vida? ¿Como espectador o protagonista? ¿Es usted el observador cómodamente sentado en la tribuna en la Plaza de Toros o el audaz torero en el centro de la arena? El cambio de actitud y el protagonismo harán la diferencia.

Los sueños nos llevan a cosas nuevas. Para alcanzar lo nuevo es preciso abandonar lo viejo. Algo dentro de nosotros debe quebrarse.

Indefectiblemente, para crecer como personas debemos pasar por el camino del cambio; debe haber una modificación en la manera de pensar, habrá que aprender a hacerlo correctamente. Lo que pensamos se refleja luego en los actos, por eso considero fundamental que la transformación comience desde adentro hacia afuera. Los sueños transforman la manera de pensar y de ver las cosas. La persona con visión se ajustará al cambio; el que no lo haga desfallecerá en el intento.

Poseer una visión clara marca la diferencia. Es lo que distingue a un hombre de otro.

Atreverse a soñar

A lo largo de la historia vemos que aquellos que hoy admiramos como grandes héroes o genios eran gente sencilla, gente común y corriente que no miró sus limitaciones, sino que se atrevió a fijar sus ojos en el sueño.

Muchas veces nos equivocamos en concentrarnos en los medios o estrategias, pues ellos no vendrán, si antes no tenemos un sueño. Lo primero es ATREVERSE A SOÑAR. Existe una actitud que acompaña al sembrador en su tarea: se llama esperanza. Nadie sale a trabajar la tierra sin la expectativa de que, luego de un tiempo, pueda recoger el fruto plantado. El que siembra debe soñar. Para esto, muchas veces, hay que romper con el poder de la resignación.

Necesitamos tener una visión, un sueño. De lo contrario, la situación puede asemejarse a la de un barco bien abastecido y con tripulación suficiente para comenzar el viaje, pero sin un destino, sin un puerto de llegada. Una persona sin un sueño, sin un objetivo, no llegará a ninguna parte.

Usted no es fruto de una casualidad. El hombre no es un accidente de la naturaleza, como algunas veces quieren hacernos creer. Tampoco es una consecuencia de la evolución. Siempre pienso que es más difícil y que se necesita mucha más fe para creer en muchas de esas teorías, que en la sencillez de lo que la Biblia dice.

El libro de Génesis nos cuenta que, en el momento de

la creación, Dios hizo todas las cosas por su palabra; una orden, y lo que se ve fue hecho de lo que no se veía.

Pero cuando llegó el momento de crear al hombre, Dios se detuvo y dijo: «Hagamos al hombre». Tomó polvo en sus manos y con la pericia de sus dedos lo moldeó. Le dio forma. Está comprobado científicamente que la tierra posee unos catorce componentes básicos y que el hombre los posee.

Un plan maestro sobre su vida

Nada es casual, todo tiene una razón de ser. Cada parte del cuerpo tiene un propósito y cumple una función. Es admirable observar los detalles en la creación: por ejemplo, el cabello de las personas que viven en zonas cálidas, por lo general, es enrulado, para que así el aire pase fácilmente. También, el color de la piel es más oscuro para resistir la intensidad de los rayos del sol. Aun los frutos, en esas tierras, contienen mayor cantidad de líquido para satisfacer la necesidad de los habitantes debido a las altas temperaturas. En cambio, en las zonas frías, los animales poseen más grasa, para proveer así el alimento adecuado para el ser humano. Si el hombre se detiene a observar la dirección de los vellos de su piel, verá cómo los de los brazos, cejas y pecho están dispuestos de tal manera que al exponer el cuerpo al agua, esta se escurra rápidamente. En todo hay sabiduría.

Con tanta elocuencia Job expresa: «Acuérdate que como a barro me diste forma; ¿y en polvo me has de volver? ¿No me vaciaste como leche y como queso me cuajaste?

Me vestiste de piel y carne, y me tejiste con huesos y nervios. Vida y misericordia me concediste, y tu cuidado guardó mi espíritu».[1]

No viene al caso saber si usted estaba en los planes de sus padres, pero puedo asegurarle que sí estaba en los planes de Dios. Él es soberano, y a su imagen y semejanza lo formó. No es preocupación del padre o la madre la simetría perfecta del cuerpo del hijo. El papá no se desvela por las noches pensando donde va la oreja del niño o donde va la nariz ¡Pobre de nuestros hijos si así fuera! ¿Se lo imagina?

«Porque somos hechura suya, creados por Dios».[2]

Albert Eintein supo decir: «Dios no jugaba a los dados al crear el mundo». Sin duda, el famoso científico tenía razón: hay un plan maestro sobre nuestra vida; todo cambia al conectarnos con el Maestro de ese plan.

Los sueños nos dan propósito

Cuando no hay un sueño, la vida es vana. La gente vive por vivir. Esto es aplicable tanto al rico como al pobre, al que tiene y al que no tiene; sin un sueño, desperdicia su tesoro más valioso: la vida. Los días transcurren sin grandes sobresaltos, ya que nadie es capaz de dar la vida por algo, porque no hay sueños.

Leí acerca de la incorporación de uno de los gerentes más importantes a la compañía internacionalmente conocida «Apple».

---

[1] Job 10: 9-12

[2] Efesios 2:10

La nota explicaba cómo el dueño de la empresa le había ofrecido un puesto de gran envergadura a un gerente que desempeñaba sus funciones en la compañía Coca-Cola. Él tenía un buen pasar económico y estaba cómodo en su sitio de trabajo; no necesitaba ningún cambio. Cuando le ofrecieron cambiarse de empresa por el mismo sueldo, lo rechazó. Los oferentes pensaban que se trataba de cuestión de dinero y le ofrecieron una mayor remuneración. Sin embargo, rechazó la oferta nuevamente. Finalmente, el dueño de Apple le dijo: «No puedo comprender cómo te conformas con fabricar agua con azúcar, mientras delante de ti se abre la posibilidad de revolucionar el mundo». Entonces, y no antes, aceptó la propuesta.

El sueño le da consistencia a la vida: sin él, el hombre se involucra en lo pasajero y temporal. Hoy, todo es imagen; no se ve más allá de lo que está al alcance de los ojos. Los jóvenes eligen sus novios o novias basados solamente en lo que ven. Pero luego, el tiempo transcurre, la cara linda pasa y el cuerpo perfecto también. Es allí cuando se comienza a pensar en cambiar de esposo o esposa.

Un joven conoció a una chica y, al instante, su corazón fue atrapado por su melodiosa voz: se enamoró de su voz. Lo único en lo que el joven reparaba era en cómo cantaba. Carecía de belleza física, y sus virtudes no eran muchas, pero cuando subía al escenario y entonaba una canción, su magnífica voz hacía que el muchacho olvidara el resto. Finalmente, se casaron. Pero en la luna de miel al despertar el primer día él la observó por largo rato: en ese instante descubrió la realidad. Cuando ella despertó él no se cansaba de decirle: «¡Por favor mi amor, canta!».

Por mucho tiempo nos acostumbramos a vivir al día. Si tenemos dinero lo gastamos y no medimos el propósito. Existe la presión del consumismo que determina que hay que tener para pertenecer, para ser.

La vida es mucho más que comer y vestir. Hace poco tiempo leí acerca de un funcionario de la cartera de Medio Ambiente que contrajo matrimonio. Para sorpresa de sus invitados y escándalo de su país, a cada uno de ellos le obsequió como recuerdo de su boda «pepitas de oro».

Sin un sueño, todo se desperdicia. Concentre sus esfuerzos en tener un sueño, un gran sueño.

¿Sabía usted que el tiempo que le lleva pensar un sueño pobre es el mismo que el que necesita para un gran sueño? Decídase por aquel que le otorgará sentido a su vida.

Un sueño puede cambiar su vida

Vivimos en un mundo materialista: si algo se puede ver y tocar, pensamos que es real. Pero esto no es así, la materia no da vida a nada. Por ejemplo, un matrimonio puede tener su casa propia, pero esto no significa que posean un hogar. El hogar es antes que la casa. Así, los sueños son antes que las cosas.

Se le ha entregado un precioso regalo, una maravillosa capacidad. Esta dentro de usted; solo déjelo salir. ¡Sí, usted puede SOÑAR!

El ser humano puede tener un sueño, una idea, y luego

materializarla. Días atrás mi esposa me dio un casete que yo le había enviado durante el tiempo en que estábamos de novios (hace más de veinte años). Para que comprenda un poco más nuestra historia, le explico que conocí a Alejandra cuando ambos asistíamos a un centro de estudios. Ella era de una ciudad del interior del país y yo de la capital de la nación. Fuimos novios durante catorce meses y solo compartimos seis, ya que en el período de vacaciones ella regresaba a su ciudad. En la distancia, nos relacionábamos por medio de llamadas telefónicas, muchas cartas y algunos viajes. En ese tiempo comencé a desarrollar la actividad que a ambos nos apasionaba y para la cual nos estábamos capacitando y le envié el casete en cuestión.

Cuando volví a escucharlo, me asombró el entusiasmo con el cual le hablaba. Si bien ambos habíamos soñado con nuestro proyecto, este, para esos momentos, solo era exactamente un esbozo de proyecto. Como en todos los inicios, hay etapas de incertidumbre, de mucho trabajo, de algunas caídas —para decirlo elegantemente— y de escaso resultado. Sin embargo, allí estaba mi voz grabada, hablándole maravillas del trabajo iniciado.

Lo cierto es que ambos creímos que podríamos lograrlo y nos lanzamos. Los primeros años fueron muy lindos, pero lo que habíamos soñado no vino rápidamente. Tuvo su tiempo. Hubo que esperar y seguir creyendo. Sin embargo, hoy nos sentimos felices y realizados por nuestro trabajo. Muchas de las cosas que soñé y dejé grabadas en esa cinta, hoy, son realidad. Lo que un día imaginé, hoy, mis ojos lo ven.

Los sueños trasforman nuestro presente

Woodruff fue el presidente de Coca-Cola. Cuando finalizó la segunda guerra mundial, este hombre expresó en voz alta su sueño: «Que el nombre Coca-Cola se conozca en todo el mundo y que cada hombre pueda saborearla». Ayer, esto era un deseo; hoy, es una realidad. No hay lugar en la tierra donde Coca- Cola no haya ingresado. ¿Cuántos hemos tomado una Coca-Cola alguna vez?

La visión transforma lo inexistente en existente.

A principio de siglo un hombre dijo: «Toda casa tendrá un auto» y así revolucionó la era automotriz. Este hombre fue Henry Ford.

Existe un peligro que acecha al sueño y quiere que quede atrapado: los problemas del presente. Permítame decirle que la visión hace que cada uno de ellos se transforme en una oportunidad.

Un ministro religioso se encontraba abocado a la tarea de construcción del templo para su congregación. Con esfuerzo y dedicación estaba logrando su objetivo cuando, de manera repentina, se desató una gran tormenta que trajo como consecuencia la caída de gran parte de edificio. Inmediatamente muchos fueron a consolarlo, pero quedaron sorprendidos cuando él les dijo: «Esta es la oportunidad perfecta para hacer un templo más grande».

En el presente puede haber desolación, pero la visión hace que aquel sea totalmente modificado por el futuro. La grandeza que hay en su interior no se relaciona con su hoy, siempre es mucho, pero muchísimo mejor de lo que tiene hasta ahora.

La visión atrae el compromiso de la gente

Por mi tarea es habitual que me relacione continuamente con líderes. Algo que suelo escuchar de ellos es la queja de falta de compromiso de su gente; pero, en realidad, lo que yo noto es que se carece de una visión, de un sueño. De forma innata, la gente busca motivos por los cuales comprometerse.

Alguien pasó por un pueblo que era muy insignificante e indiferente; frente a esto expresó: «Denle una liebre para perseguir y verán como todo cambia».

Las personas buscan desafíos importantes, trascendentes, donde valga la pena el esfuerzo.

Esta es una de las razones por las que se suma entusiasmo para participar en tareas comunitarias como hacer una plaza, construir una vivienda para los más necesitados, organizar un comedor para alimentar a niños carentes de recursos, como así también, sumarse en proyectos de conservación y preservación de la ecología como los que realiza Greenpeace International.

Hace muchos años mientras viajaba a Estados Unidos me sorprendí al observar entre los pasajeros a un gran número de jóvenes entusiastas. Estaban vestidos con sus ropas de color caqui y su corte era militar. Inundaron el avión con diferentes cánticos.

Cuando tuve oportunidad, le pregunté a una de las azafatas qué era lo que sucedía. Ella me respondió que estos jóvenes viajaban para sumarse a la guerrilla de Nicaragua, en Centro América, que, en aquellos tiempos, ardía en conflictos. Ellos iban dispuestos a entregar su vida por la causa comunista. ¡Cuánta ironía! Hoy, el tiempo transcurrió y muchos cambios ideológicos se llevaron a cabo. Gran parte de los ideales por los cuales murieron carecen de sentido; pero, lamentablemente, estos jóvenes ya están muertos, dieron sus vidas por algo que ya se desechó. Todos somos movidos por un sueño, y esto atrae la entrega absoluta del compromiso de las personas.

SUEÑO...

En el lugar más hermoso del Universo vivía un niño llamado *Sueño* el cual anhelaba crecer y conocer otros mundos. *Sueño* se la pasaba por allá en lo alto, por las nubes, jugando y jugando, todo el día. Una vez, *Sueño* se dio cuenta de que no crecía como sus amigos; además, empezó a sentirse muy débil y, poco a poco, perdió sus ganas de jugar.

Un gran día, Dios, desde el cielo, al ver a su amado hijo *Sueño* tan débil, envió un mensajero celestial en su ayuda. Él llevaba consigo un maletín muy especial que contenía alimentos divinos, para así fortalecer y hacer crecer a *Sueño*.

Desde el mismo instante en que aquel mensajero llegó, *Sueño* comenzó a sentirse mejor, ya que cada día lo alimentaba con manjares celestiales. Entre ellos había muchos caldos de constancia con fuerza, platos muy nutritivos de voluntad y trabajo, postres hechos a base de paciencia, fantásticos jugos de decisión y, lo más importante, el mensajero lo trataba con mucha confianza y, sobre todo, con mucho amor de Dios.

Sueño creció y creció y dejó de ser *Sueño* para convertirse en Meta, y claro que siguió jugando; pero ya no por las nubes sino aquí en la tierra. Conoció otros mundos, mundos como la felicidad y la satisfacción, y un día no muy lejano, Meta dejó de ser Meta y se transformó en REALIDAD.

PARA RECORDAR

«¿En qué grupo se encuentra usted, pasivos, realizadores o soñadores? ¡Cambie ya!»

«La diferencia entre lo extraordinario y lo ordinario se encuentra en el prefijo "extra"».

«Atrévase a soñar».

«¿Sabía que el tiempo que le lleve pensar en un sueño pobre o en un gran sueño es el mismo? Mejor decídase por aquel que dignificará su vida. Concentre sus esfuerzos en tener un gran sueño».

«La visión transforma lo inexistente en existente».

«Si quiere un cambio en su equipo de trabajo, preséntele grandes desafíos y verá cómo todo cambia».

«Antes de continuar, tome un tiempo en definir cuáles son sus objetivos y luego... comience a enfocar todos sus esfuerzos por alcanzarlos. ¡Seguro que lo logrará!»

¿Sabía que el tiempo
que le lleve pensar
en un sueño pobre
o en un gran sueño
es el mismo?
Mejor decídase por aquel
que significará su vida.
Concentre sus esfuerzos
en tener un gran sueño.

La diferencia entre lo extraordinario y lo ordinario se encuentra en el prefijo «extra».

2

Creado para triunfar

¿Qué es la autoestima? Diremos, en primer lugar, que la estima es el aprecio y consideración que se da a una determinada cosa. El prefijo «auto» significa «propio» o «por uno mismo». Entonces, hablar de «autoestima» es, de alguna manera, referirnos al valor que la propia persona posee acerca de sí misma. En palabras más sencillas, ¿qué precio diría que tiene su vida?

Generalmente se piensa en la importancia de que los que están a nuestro alrededor nos valoren, y nos sentimos defraudados cuando los gobernantes, amigos o familiares nos fallan; pero el mayor problema es cuando, por diversas situaciones, hemos caído en el error de no valorarnos y respetarnos a nosotros mismos. La persona que no se aprecia a sí misma sentirá cómo la vida se le escapa de las manos, sin lograr concretar ningún sueño.

Cada ser humano tiene un valor y debe tener en claro cuál es ese valor, para no caer en el desliz de sobrevaluarse a sí mismo. De algún modo, oscilamos entre desvalorizarnos, por poseer una imagen muy pobre de nosotros mismos, o sobreestimarnos, que consiste en sentirnos exageradamente orgullosos de nuestras capacidades.

Sin embargo, yo veo una plaga que, de manera sistemática, ha matado a muchísimas personas. No respeta sexo, edad ni color de piel. Un gran número de personas han sido víctimas de ella. Aparece lentamente, pero a medida que pasa el tiempo, es difícil erradicarla. Déjeme decirle que esta es una plaga silenciosa, pero completamente mortal. Los primeros síntomas son pensamientos cortos que se instalan en la mente, ya sea ante los problemas o en medio de ellos, o ante distintas circunstancias de la vida. Parecen inofensivos, pero son letales. Son pensamientos de inseguridad, de no poder hacer frente a los desafíos; una sensación de impotencia, de incapacidad, que nos va minando, y son el enemigo número uno de nuestra felicidad.

Algunos hasta han sido engañados por la baja autoestima y creen estar en el camino correcto, alegando cierto sentido de humildad…, digamos: «falsa humildad», porque la verdadera no tiene nada que ver con desvalorizarnos. Personas que dicen: «No somos nada», «somos polvo». Si bien todas estas afirmaciones tienen parte de verdad, fuera de contexto, tienden a exagerar la humanidad del hombre.

Hace algunos años atrás, una tira cómica representaba a un personaje que, día tras día, en diferentes circunstancias, se decía: «Yo me amo» y luego, llevando sus manos a la cara, hacía movimientos que daban a entender cómo se felicitaba y se besaba a sí mismo. Este actor se llamó Pepe Biondi; fue uno de los humoristas más sanos que ha dado el género de la comedia; en sus tiras, exageraba el amor por uno mismo. Sin caer en un exceso creo que sería de gran ayuda si alguna de estas mañanas, al levantarnos y mirar nuestro rostro en el espejo, nos dijéramos palabras como: «¡Buen día, campeón! ¡Qué tremendo día tendré hoy, ya que Dios ha puesto todos sus recursos en mi interior! ¡Hoy será un día espléndido! ¡Imposible fallar!».

Todos tendremos nuestras grandes oportunidades en la vida

La vida es un gran desafío, es un camino marcado por días maravillosos e imborrables, así como también, por días difíciles y de los cuales rápidamente nos queremos olvidar.

Una cita ilustre dice: «Todo tiene su tiempo, y todo lo que se quiere debajo del cielo tiene su hora»[1]. Dios le entrega a cada persona dos maravillosos regalos: tiempo y ocasión, quiere decir que en un momento determinado de la existencia del ser humano estas dos realidades se cruzan: *vida y oportunidades*. En ese instante el hombre decide: permanece inmóvil por considerarse incapaz de afrontar el desafío o avanza confiado, sabiendo que para crecer siempre es necesario arriesgarse.

[1] Eclesiastés 3:1

El problema es que la persona con una autoestima en baja, generalmente, se sentirá incapaz de afrontar el desafío; y, así como la oportunidad se presentó, así también la dejará esfumar. Decíamos que poseemos dos regalos, vida y oportunidad; estas realidades las podemos comparar con dos líneas, que no son paralelas, sino perpendiculares: quiere decir que en punto se cruzan y, si no sabemos aprovechar el momento de intersección, irremediablemente, luego se separarán y, junto con ellas, se irá parte de nuestra vida y muchos de nuestros sueños. Nos perdimos la oportunidad de ser felices, de entusiasmarnos con la vida y de alcanzar nuevos horizontes. Nos habremos quedado afuera.

Un refrán popular dice: «Las oportunidades vienen lentas como tortugas, pero se escapan rápido como liebres». Usted necesita avizorar las oportunidades y aprovecharlas.

No obstante, las inseguridades del pasado no me permitirán tomar las decisiones correctas, y lo nuevo representará mayor carga. Creo que no puedo, mis habilidades se alinean en esa perspectiva, mis emociones se saturan de viejos fracasos y, como resultado, termino convenciéndome de que NO PUEDO.

«Un optimista ve una oportunidad en toda calamidad, un pesimista ve una calamidad en toda oportunidad», expresó Winston Churchill.

Para algunos la vida está llena de oportunidades, mientras que para otros está llena de problemas. ¿Qué ve en su vida, oportunidades o problemas?

Conocer nuestras virtudes, como así también, nuestras

limitaciones nos permitirá no equivocarnos, a la hora de aceptar los nuevos desafíos. Cuando un hombre no se conoce a sí mismo, transitará un sinuoso camino lleno de dificultades. Comenzará teniendo una realidad distorsionada. No será completamente consciente del entorno que lo rodea. Se sentirá desvalorizado por los demás, se verá poco competente frente a la tarea, se considerará poco respetado por el entorno, y esto lo llevará a sufrir serios complejos.

Según Branden, la autoestima es el resultado de una combinación de la capacidad de sentirse competente y de poder valorarse. La autoestima es una persona con nombre y apellido: su nombre de pila es SEGURIDAD EN MÍ MISMO, y su apellido responde a: RESPETO POR MÍ MISMO.

Sin estos dos elementos nunca podrá ser una persona competente en las diversas facetas de la vida. Lo peor de todo esto es que el individuo no es consciente de sus reacciones, porque, en verdad, se trata de procesos que vienen desarrollándose desde la niñez y, por lo general, se dan en forma inconsciente. Desde pequeño, el sujeto construye su personalidad y de esta forma desarrolla los pilares que le permitirán llegar a ser una persona segura de lo que puede dar y segura de su valor.

Cuando por alguna razón en la niñez esta área fue marcada, el individuo experimentará graves fallas en su personalidad, que producirán un corto circuito. Por ejemplo, cuando en una casa se origina algún desperfecto eléctrico, si contamos con un interruptor, este se activará e inmediatamente se cortará la luz. Hasta no encontrar el origen del problema, será inútil tratar de recuperar la energía. De la misma forma, hasta no reparar la falla en nuestra personalidad, se interrumpirá el suministro de energía en nuestra vida.

Autoestima en baja, problemas en alza

A continuación, veremos algunas de las dificultades ocasionadas por una autoestima en baja:

La estimación deficiente hará que proyecte sus debilidades en los demás

La persona en esta situación continuamente ve los errores de los demás y, ante la más mínima oportunidad, trata de descalificarlos. Al no sentirse capaz necesitará afirmar que las demás personas son menos que ella, para, de esta forma, asegurar su valor. Así se generan los problemas de concepto: se llega a tener un concepto más alto de uno mismo, que no coincide con la realidad; se produce un desajuste que, trasladado a las relaciones interpersonales, dará por resultado un menosprecio de los demás, y se invertirá mucha energía en sabotearlos.

Bajo el título «El engranaje de velocidad sería el culpable de la caída de un avión que mató a un senador», el ejemplar del 29 de abril de 1992 del Chicago Tribune informaba: «El engranaje estropeado de los controles por computación de la hélice de un avión causó la caída, a pique, en los bosques de Georgia, el último abril. Murieron el senador de los Estados Unidos, John Tower, de Texas, y otras veintidós personas».

Un engranaje que ajustaba el montaje izquierdo de hélice estaba levemente deslizado por una parte opuesta con una cobertura mayor del titanio, dijo la Junta Nacional de Seguridad del Transporte. «Actuó como una lima, y, con el tiempo, gastó el diente que controlaba la hélice», informaron.

Tal como la cobertura de titanio que desgastó el engranaje más suave que estaba ligado a ella, una persona, en cualquier papel que desempeñe, puede desgastar la estima de los que la rodean haciéndolos caer en picada. Su vida fue diseñada para hacer que otros levanten vuelo; no para derribarlos.

La estimación deficiente hará que crea que es imprescindible y no permitirá que las habilidades de los demás se desarrollen

Este es el tipo de personas que concentran todo en ellas mismas y hablan de trabajar en equipo, pero, en la práctica, no lo implementan, por temor a pasar a un segundo plano y perder el protagonismo.

De alguna manera este individuo cree que todo debe ser hecho por él mismo y por nadie más. «Si yo no lo hago, nadie lo hará» o, lo que es peor aún: «Nadie hace las cosas como yo. Si no estuviera yo, ¡qué sería de este lugar!». Así, se generan dos problemas: por un lado, la gente se siente inservible y continuamente desvalorizada, sin posibilidad de crecer, desarrollarse y participar de la alegría de alcanzar objetivos juntos; y, por otro lado, se desperdicia la oportunidad de sacar provecho de las habilidades y talentos que los demás poseen. Hoy más que nunca se habla del trabajo interdisciplinario, y las carreras poseen diferentes grados de especificidad.

Si de alguna manera usted desempeña el rol del liderazgo; es de incomparable valor aprender a escuchar y a valorar los talentos de los demás. Permita que su gente se desarrolle, encuentre la manera de que ellos se capaciten y comprométase con este ejercicio: en momentos cruciales, por favor, córrase, ceda su lugar a otro. Para que otros progresen en ciertas ocasiones, usted, que es el líder, debe correrse. Allí se producirán los espacios vacíos para que otros asuman el protagonismo. Cuando un líder por algún imprevisto tiene que faltar a cierta actividad, es la ocasión propicia para que otros tomen una posición de desafío y crecimiento. Ese es el momento ideal para que otros se desarrollen. Luego, tanto aquel como su equipo, son asombrados por los resultados. Recuerde por un instante: ¿alguna vez usted tuvo que ausentarse y otros debieron reemplazarlo? Particularmente, me sucedió, y las primeras oportunidades estuve todo el tiempo inquieto por saber cuál había sido el resultado. Para mi sorpresa, al llegar y preguntar, me respondieron: «Todo estuvo perfecto, hasta creo que nadie notó su ausencia», y agregaron: «Si tiene que volver a viajar, vaya tranquilo». Si usted no está preparado, le digo que lo primero que experimentará será un golpe a su ego: ¿Cómo, que no se notó mi ausencia?; pero si usted es un líder maduro se alegrará de haber formado un equipo competente que pueda funcionar siempre y, *especialmente,* cuando usted no está presente; es más, tendrá la tranquilidad de prolongar sus vacaciones, sabiendo que su trabajo marcha de forma excelente.

Cuando los integrantes del equipo crecen, todos los que lo componen resultan beneficiados, incluso, su cabeza; pero un bajo concepto de sí mismo no admite que otros se desarrollen.

En cierta oportunidad dos hombres pasaron cerca de un cementerio. La conversación estaba centrada en que uno de ellos se sentía completamente exhausto por la cantidad de trabajo, a lo cual el otro le aconsejaba tomarse un descanso. «No puedo; —respondió— si yo no me ocupo de esto, nadie lo hará». Mirándolo, su amigo le replicó: «Este cementerio está lleno de gente que se consideraba imprescindible. Ellos ya no están, y el mundo todavía no se dio cuenta».[2] La persona que se ve imprescindible alimenta la imagen de que él es el mejor. Es el medio por el cual, de forma errónea, sube su autoestima. Solo así logra sentirse competente y adquiere el sentimiento tan anhelado: Ser valorado.

La estimación deficiente necesita la continua aprobación

Todos necesitamos sentirnos amados y valorados, pero la inseguridad en la vida afectiva de esta persona la privará de corregir a otros, cuando sea necesario, ya que tendrá temor de que la cuota de cariño, que tanto necesita, decrezca.

---

[2] Historia relatada por Norman Vincent Peale

No puede enfrentar un desacuerdo pues puede interferir en la estima de los que la rodean; por lo tanto, busca mantener siempre la ecuanimidad con todos. Esto, en la medida que pasa el tiempo, se vuelve sumamente tedioso.

Cabe destacar que las buenas relaciones crecen bajo los valores de la sinceridad, el respeto y el afecto genuino. Cuando sinceramente amamos a una persona, desde ningún punto de vista aprobaremos una decisión incorrecta. Un padre que ama a su hijo, desde muy pequeño, le enseña la diferencia entre lo correcto y lo que no lo es. No duda en utilizar diferentes tipos de estrategias para corregirlo cuando este se equivoca. Es que el amor busca el bien del otro; no intentar alertar a una persona que se está equivocando demuestra a las claras una total falta de compromiso, un llano desinterés.

La estimación deficiente produce desconfianza

Se levanta un espíritu de desconfianza que se respira en el ambiente. No hay transparencia para comunicar las ideas por temor a que otros se las roben y no le otorguen el crédito. Además, el único merecedor de elogios por los logros obtenidos es el propio líder, dejando a su equipo sin ningún tipo de reconocimiento.

Piensa: «Si los halago por sus logros corro el riesgo de que consideren que realmente son buenos, y hasta pueden llegar a pensar que son mejores que yo, y dejarán de necesitarme. Mejor, no les digo nada».

Este tipo de personas inflan su ego para de alguna manera, sentirse poderosos y compensar su falta de aprecio propio.

En ese ambiente difícilmente habrá progresos, y lo único que crecerá será la sensación de inseguridad. La desconfianza entre las personas carcome los cimientos de la relación hasta destruirla:

Un matrimonio basado en la desconfianza se derrumbará. Una relación de amistad fundada en la desconfianza se vendrá abajo. Una empresa, en la que los trabajadores sospechen los unos de los otros, no crecerá. Un liderazgo establecido en la desconfianza se desmoronará. ¡Hasta en la economía se necesita de la confiabilidad!

En toda relación, para que haya crecimiento, se requiere un alto grado de confianza; y, a medida que se camina, se efectuarán los ajustes necesarios, sin temor alguno, sin dudas, ya que aquella los mantiene unidos.

La estimación deficiente no permite el reconocimiento de los errores

¡Cuánto nos cuesta reconocer los errores y, especialmente, cuando quedan al descubierto de otras personas! Particularmente, creo que no nos duele tanto fracasar como el hecho «de que otros nos vean fracasar». Cuando un estudiante se halla en la escuela cursando sus estudios, no hay peor cosa que el profesor aparezca con las notas luego de un examen y, delante de todos, las diga en voz alta. Una cosa es saber que me saqué un dos, y otra, muy distinta, es que todos se enteren de que me saqué un dos. ¡Cuánta vergüenza experimentamos!

El aceptar las faltas es una tarea difícil; es mucho más fácil acomodar las circunstancias haciendo a otros responsables del error.

El sentido de seguridad y aprecio —ya lo hemos dicho— se construye desde la niñez. Los padres se constituyen en el elemento imprescindible en este sentido. Cuando un niño percibe el aprecio y la valoración en estricta relación con sus logros crecerá buscando no equivocarse nunca. Sin embargo, la vida se compone de ensayo-error; ¿cómo se hará, entonces, para subsistir? La persona no reconocerá sus fallas y, de alguna manera, buscará a quién hacer responsable de ellas. Así se alejará la sensación de incapacidad generada por los errores. Esta tendencia arruina el proceso de crecimiento en una relación interpersonal, porque seguramente, en más de una vez, los que nos rodean serán los chivos expiatorios de nuestros propios errores.

Seamos sinceros

A esta altura debería preguntarse: «¿Realmente, me conozco a mí mismo?». ¿Cuántos fracasos podría evitar si dedicara tiempo a conocer esa respuesta?

Es sumamente complejo encontrar los propios errores y, más doloroso aún, reconocerlos. Cicerón expresó: «Todos los hombres pueden caer en un error; pero solo los necios perseveran en él». A lo cual San Agustín agregó: «Errar es humano; perseverar en el error es diabólico».

Si no se detiene a sanar su autoestima no llegará muy lejos. Es imprescindible hallar las grietas por donde se malgasta su vida y se desaprovechan sus mejores oportunidades.

Leí un artículo que hacía mención del grave problema al que se enfrentan las naciones que, durante un tiempo, estuvieron sometidas bajo el poder de la guerra. Cuando esta acaba, comienza otro grave problema: «Hallar las bombas que no han detonado». Muchas de ellas son halladas de manera casual, y aparecen en los lugares impensables. Los desprevenidos transeúntes son sorprendidos por su explosión. Cientos de toneladas de explosivos fueron recuperados luego de finalizada la segunda Guerra Mundial. Muchas de esas bombas mataron niños inocentes, hombres y mujeres. «Las bombas sin explotar se vuelven mucho más peligrosas con el tiempo. Con la corrosión dentro el arma se hace más inestable y el detonador puede quedar expuesto».

Una autoestima baja será como una bomba enterrada en nuestro subconsciente. Explotará en el momento menos pensado y hará trizas su vida. Debe entrar al taller de reparación urgente y permitir que su ser interior sea restaurado.

¡Sane su autoestima!

¡Solo un corazón sano puede ensancharse para creer el Sueño de Dios! Solo afectando mi mundo interior cambio el mundo exterior.

Dentro de usted están las verdaderas «Derrotas».
Dentro de usted está la verdadera «Pobreza».
Dentro de usted se encuentran los verdaderos «Fracasos».
Pero también dentro de usted se encuentran las verdaderas «Victorias» y los verdaderos «Éxitos».

«Cuando vence en su interior, entonces tendrá victoria fuera de usted».

Creados para triunfar

Si bien el hombre pertenece al grupo de los mamíferos, es completamente distinto al resto de la especie. Hay un sello en su interior, un intenso deseo de superación, de desarrollo, de dignidad. Por eso estoy convencido de que todos esos argumentos que andan dando vuelta por allí tratando de convencer a nuestra juventud de vivir por debajo del nivel de dignidad, no llegarán muy lejos, ya que generan en el corazón una abierta contradicción con el material con el cual el hombre fue hecho.

Usted fue hecho para triunfar; hay grandeza en su interior, por eso su destino es un destino marcado por el éxito; no ha nacido para ser un perdedor, sino un triunfador.

El mundo plantea ideales, y todo lo que sea diferente de él sufre discriminación. Existe la discriminación por edad, color de piel, nivel intelectual y una marcada exclusión a aquel que físicamente no responde a los estándares estipulados. Las jóvenes modelos de las pasarelas imponen la moda. Esto muchas veces despierta en aquellas personas que las observan una lucha desenfrenada por llegar a ser como ellas. Hoy en día es muy común escuchar hablar de dos enfermedades que años atrás ni se sabía que existían, y que tanto daño ocasionan a nuestra sociedad: la bulimia y la anorexia. Las jóvenes se ven especialmente afectadas por esta clase de padecimientos. En las escuelas secundarias es frecuente encontrarse con cuadros de este tipo, chicas que caen desplomadas al piso debido a su mala alimentación. Estas son enfermedades que afectan, también, psicológicamente. Comienza a debilitarse la personalidad y se desmorona la integridad del individuo. Una de las peores consecuencias es el rechazo que se experimenta frente a uno mismo: nos miramos y no nos aceptamos. Se vive pendiente de la imagen, de cómo nos ven los demás, y la valorización como persona está directamente ligada a la aceptación o negación del entorno.

Por tal motivo, hoy en día se concentra gran parte de energía en el cuidado del cuerpo y de la imagen. Más que nunca están en auge las operaciones estéticas pero la cirugía estética no asegura la autoestima. Cito a continuación un artículo escrito por Sebastián Ríos, para el diario La Nación:

«Un estudio encontró desórdenes psiquiátricos en mujeres sometidas a implantes mamarios. Sobre 3521 pacientes, se halló el triple de suicidios entre las intervenidas».

Después de los psiquiatras y psicólogos, el que más pacientes con problemas psicológicos recibe es «el cirujano plástico», asegura el doctor José Juri, profesor de cirugía plástica de la Universidad de Buenos Aires (UBA).

Juri comentó esto en un estudio reciente en el que demostró que las mujeres que se implantan prótesis mamarias presentan un riesgo tres veces mayor de cometer suicidio que aquellas que no lo hacen.

El implante de prótesis mamarias con el fin de aumentar el volumen del busto es una de las operaciones de cirugía estética más requeridas por las mujeres de todo el mundo. En la Argentina, se estima que se realizan, aproximadamente, mil quinientas por año.

Autoestima en baja: «Muchas personas cuando están angustiadas y no saben cómo canalizar esa angustia, acuden al cirujano plástico para ver si, con una cirugía, pueden encontrarse mejor, valorarse más y aumentar la autoestima —comentó el doctor Juri—. Pero la autoestima es algo más profundo, que no pasa por el volumen de los senos o el tamaño de la nariz».

Los cambios exteriores no mejoran los problemas internos. Lector, ¿cómo se ve, tanto física como intelectualmente? Ahora bien, no es problema admitir que ha vivido minimizándose; el tema es que se atreva a salir de la cueva de la subestimación.

¡Deje de menospreciarse! ¡Usted vale!

Aceptemos nuestras limitaciones

En otro sentido también es importante comprender qué cosas podemos realizar y cuáles no. Necesitamos admitir nuestras limitaciones. También, no conocerlas ni aceptarlas responde a un problema de autoestima.

Hay momentos en la vida en que pensamos que podemos llevarnos todo por delante y nos creemos los superhéroes de nuestra propia historieta.

Admitir nuestra limitación es reconocer que no somos dioses, sino criaturas. Cuando creo que soy dios, entro en un estado de lucha por ser lo que nunca podré ser. Esta reacción es una de las causales de una enfermedad social muy difundida en nuestra época: el estrés. Este es el fruto de creer que todo lo puedo lograr. Es querer ser más de lo que soy, luchar por hacer más de lo que puedo hacer. Visitamos el consultorio médico y le contamos los síntomas. Él mismo nos revisa y termina atribuyendo como causa de la enfermedad el estrés.

«Usted tiene estrés. Se le cae el pelo por el estrés; trastornos estomacales a causa del estrés; problemas musculares debido al estrés; manchas en la piel originadas por el estrés». Estrés, estrés, estrés, la palabra del momento.

Esto es consecuencia de la alta tensión con la que vivimos hoy en día, del grado de competencia al que somos expuestos y de querer parecernos a los modelos que la sociedad nos presenta.

¿Cómo reacciona frente a sus límites cuando se da cuenta de que no puede, de que no debe, de que no es su momento, de que no es su hora, de que no es para usted?

¿Qué es lo que le sucede cuando se da cuenta de que no tiene las características que otros poseen? Luchamos por querer tener la nariz más pequeña, lo oreja un poco más grande, ser más altos, tener tal o cual color de ojos.

¿Qué sentimos cuando nos damos cuenta de que no somos todo lo inteligentes que quisiéramos ser? Respondemos con enojo, con competencias, con celos, respondemos con AUTOCOMPASIÓN.

Necesita aceptar sus debilidades, conocer sus áreas de fortaleza y poner toda su fuerza y empeño en desarrollar al máximo sus talentos.

Recuerde: ninguna persona posee todas las habilidades a la vez, pero todos fuimos creados con un sinfín de capacidades, habilidades, talentos, dones que Dios puso dentro de nosotros. Frente a esto, ¿qué hará? ¿Se hundirá en la subestimación, comparándose continuamente con otros y nunca reconociendo y desarrollando sus propias habilidades? ¿Vivirá como el avestruz escondiendo su cabeza en la tierra?

¿Por qué le teme al éxito? Deje que lo que está dentro de usted se exprese. No lo retenga más. No se subestime, asuma la maravillosa oportunidad de ser usted mismo.

¡NO ENTIERRE SU VIDA Y SUS OPORTUNIDADES!

PARA RECORDAR

«La autoestima se relaciona con el valor que cada uno de nosotros le damos a nuestra propia vida, ¿qué precio diría que tiene su vida? Un consejo: Levante la cotización».

«La vida le entrega tiempo y oportunidades; en un momento determinado, estas se cruzan ¿qué escogerá?»

«Para crecer, siempre es necesario arriesgarse».

«Una baja autoestima provocará:
Que proyecte sus debilidades en los demás.
Que tenga la imagen de que es imprescindible y no permita que las habilidades de quienes lo rodean se desarrollen.
Que necesite y busque una continua aprobación.
Que viva lleno de desconfianza».

«Lleva en su interior un sello de dignidad; fue creado para triunfar; hay grandeza en su interior, por eso su destino es un destino marcado por el éxito. ¡Es un triunfador!»

Lleva en su interior
un sello de dignidad;
fue creado para triunfar;
hay grandeza en su interior,
por eso su destino
es un destino marcado
por el éxito.
¡Es un triunfador!

3

Persevere y alcanzará su sueño

Leí la historia de un joven que ansiaba convertirse en un gran dibujante. Su deseo lo llevó a buscar empleo en diferentes periódicos intentando vender sus dibujos. Pero cada editor se encargó de expresar el rechazo, aduciendo la falta de talento. A pesar de ello, este joven continuó adelante, no vaciló; poseía un ferviente entusiasmo que lo impulsaba a continuar. En palabras de Dale Carnegie: «Entusiasmo, sentido común y *persistencia* son cualidades fundamentales para el éxito».

Luego de un tiempo, un ministro religioso decidió darle la oportunidad y lo empleó para que pintar los anuncios de la iglesia. Como no tenía un lugar propio para trabajar y a la vez dormir, fue a parar a un viejo garaje que la iglesia poseía. Para su desdicha —o para su bendición— este lugar estaba habitado por algunos roedores. El tiempo transcurrió, y uno de estos ratones se hizo mundialmente famoso por obra de nuestro joven: se convirtió en el más admirado y querido por millones de personas, el Ratón Mickey; y el artista era Walt Disney.

El sueño de este hombre creció, hasta convertirse en la gran industria cinematográfica llamada Disneylandia; con su primera sede en California y, luego, su segunda, Disney World, en el estado de Florida. Por aquellos primeros años, cuando el dinero escaseaba y cuando nadie creía en él, este hombre siguió tenazmente aferrado a sus sueños. Creyó, trabajó, persistió frente a la adversidad hasta convertirse en uno de los más grandes maestros mundiales de la fantasía de los niños, y, por qué no decirlo, de los adultos, que nunca dejamos de ser niños.

Cuántas veces nos preguntamos cuál es el secreto del éxito. Yo creo no equivocarme en resumirlo en la siguiente palabra: PERSEVERANCIA. La impaciencia nos lleva a abandonar la lucha antes de tiempo y, de esta forma, en reiteradas oportunidades, la inconstancia hace abortar nuestros mejores sueños; no logramos ver con claridad. La visión es nublada por la falta de persistencia.

Se cuenta que Sir Edmund Hillary intentó, varias veces, sin éxito, escalar el Monte Everest, hasta que finalmente lo logró. Pero hay un hecho interesante ocurrido en uno de esos tantos intentos fallidos: luego de no lograr su deseo, Hillary permaneció parado al pie de la gran montaña y, sacudiendo su puño hacia ella, dijo: «¡Te venceré! Porque tú no puedes ser más grande de lo que eres, pero yo todavía estoy creciendo». Continuó, siguió intentando, persistió, hasta que un día lo logró.

Enemigos del perseverante

Es de vital importancia detectar a tiempo aquellas cosas que nos llevan a abandonar rápidamente:

El cansancio

Cuando se desea alcanzar un objetivo, se debe de trabajar con tenacidad, y esta lucha produce un constante desgaste que puede agotar físicamente al individuo. En un primer momento hay energía acumulada, pero, a medida que los días, meses u años pasan, el arrojo del arranque y los bríos comienzan a decrecer, y es allí donde el cuerpo empieza a sufrir las consecuencias. Un cuerpo que no se alimenta como corresponde ni duerme lo suficiente no podrá continuar la carrera con éxito.

Desánimo

El desánimo es diferente al cansancio físico. Aquí nos referimos al colapso espiritual. Es el debilitamiento interno, donde comienza a percibirse un desmayo interior, una pérdida de fuerzas. El sueño, el objetivo pierde el grado de pasión.

Ausencia de resultados

Esto se experimenta con el paso del tiempo. Toda nueva empresa comienza con muchos sueños y energía renovada, pero la expectativa está centrada en los resultados; si el tiempo transcurre, y estos no se avizoran, la tentación inmediata es abandonar el esfuerzo. ¿Para qué continuar en algo que no reporta dividendos positivos?

La imaginación inventa logros sin esfuerzos

Existe el engaño de pensar que hay atajos que liberan al hombre de todo lo que representa el trabajo y el esfuerzo. Anhelamos resultados, sin compromiso. Logros, sin desvelos.

Vivimos en la era de lo instantáneo, de lo rápido, estamos saturados de la cultura del: «¡Llame ya!». Sin embargo, la experiencia nos dice que, para lograr participar de los resultados, primero tenemos que invertir tiempo, dinero, esfuerzo, compromiso, horas de sueño, capacitación, abnegación.

Enemigo oculto

Esta situación me parece de vital importancia y quisiera dedicarle más tiempo. Por tal razón, aunque lo inscribo dentro de la lista de enemigos que debemos enfrentar, prefiero abordar el tema con mayor profundidad.

El mayor enemigo de lo mejor no es lo peor, sino lo bueno. Lo bueno nos lleva a conformarnos con algo que no es lo que realmente soñamos, pero que, dentro de todo, no es tan malo. Nos contentamos con lo que tenemos hoy a mano, como dice el refrán: «Más vale pájaro en mano, que cien, volando». Si bien esto generalmente se aplica a la importancia de no dejar escapar las oportunidades, también, podemos aplicarlo a aquellos que se contentan con lo que tienen en mano y no se arriesgan por más.

Por lo general, cuando nos lanzamos a nuevos desafíos, lo hacemos con mucho entusiasmo y grandes expectativas, y nos trazamos objetivos lo suficientemente altos para motivarnos. Pero debemos tener en cuenta que lo importante no es sólo poseer un sueño y emprender el viaje, sino que la verdadera felicidad radica en lograr llegar a destino. Comenzar y finalizar.

Entre su sueño y el lugar donde se encuentra, siempre se presenta una tercera alternativa; funciona como una parada de descanso que se aprovecha para tomar nuevas fuerzas. Esto me recuerda al cansado caminante del desierto que, luego de largos días de intenso calor y fatigoso caminar, divisa a lo lejos un maravilloso oasis. Lo más razonable es hacer un alto y pasar un tiempo allí; sin embargo, sería una tontería tomar esta alternativa momentánea como una morada permanente. Este lugar no tiene nada que ver con el destino final. Quedarse allí sería rebajar el nivel de los sueños y a esto se lo denomina conformismo.

Su destino se relaciona con cosas grandes; no, con menudencias, con pequeñeces. El sentirnos satisfechos con menos de lo deseado contribuye a empequeñecernos.

Detėngase por un momento y haga el siguiente ejercicio:

Piense dónde anhelaba llegar con su vida y compárelo con el sitio donde se encuentra en este mismo momento. ¿Cuál es el resultado? Si no se encuentra en el lugar correcto, es el momento de tomar una decisión. Nada cambiará, si no inicia una acción para que así suceda. «Para alcanzar los lugares que nunca antes ha alcanzado deberá hacer lo que jamás antes había hecho».

No acepte de manera resignada su presente, no se sienta satisfecho con lo hasta aquí ha logrado, no se acostumbre a vivir por debajo de su nivel, con el mínimo de sus infinitos recursos. No permita que sus sueños se hagan trizas, mantenga viva la llama del entusiasmo.

Comenzó bien, continúe bien. Apunte alto. No se justifique pensando que «al menos lo intentó», los premios no son para los que participan de la carrera, sino para los que la acaban. ¡Levántese, todavía puede lograrlo! ¡No se quede a mitad de camino!

Lo fatigoso del trayecto puede hacernos perder la brújula. Nos desorientamos. Ese punto es crucial porque es el momento en que somos tentados a abandonarlo todo, en el que corremos el riesgo de entregar los sueños y cuando el entusiasmo desaparece.

Un médico, investigador de la conducta humana, aseguró: «El éxito es ir de fracaso en fracaso con entusiasmo». El elemento esencial para lograr superar el fracaso se llama entusiasmo. Entusiasmo y perseverancia, en la práctica, resulta ser una magnífica combinación. Alguien expresó de forma atinada: «Cada mañana tiene dos mangos. Puedes asir el mango de la angustia o el mango del entusiasmo. Según el mango que escojas, será el día».

Existen algunas claves para tener en cuenta para no conformarnos con lo «poco».

Puede tener tan poco como le satisfaga

No obtendrá en la vida más de lo que desea. Si está satisfecho con lo que tiene no deseará más. Una de las claves para progresar es desarrollar un profundo anhelo por crecer. El hombre de campo puede llevar a su caballo a beber agua en el fresco arroyo que recorre su tierra, pero no puede obligarlo a beber. Usted fue creado para triunfar; sin embargo, la decisión es suya. ¿Se conforma con lo alcanzado o anhela intensamente sentir la expectativa que generan las cosas nuevas?

El principio de la búsqueda

Si prosigue en su intento de buscar y no conformarse, seguramente, lo logrará. Solo será cuestión de tiempo. «Pedid, y se os dará; *buscad, y hallaréis;* llamad, y se os abrirá. Porque todo aquel que pide, recibe; *y el que busca, halla;* y al que llama, se la abrirá». Toda acción provoca una reacción. Disfrutamos hoy lo que forjamos ayer; de la misma forma, alcanzaremos mañana lo que anhelamos hoy. ¿Por qué cosas suspira su corazón? ¿Cuál es su deseo?

En la vida podemos ir tan lejos como lo que deseemos y creamos. En la medida en que avancemos, también lo hará el sueño.

Cuando permita que el entusiasmo sea el motor de su vida, todo, debajo de sus pies, puede moverse; pero de alguna manera, encontrará la forma de seguir caminando; seguramente, sus pies no resbalarán, no fracasará.

Características del perseverante

La primera característica de una persona perseverante es: ***La actitud***

¿Qué es la actitud? Es la predisposición interior de no darse por vencido nunca.

La actitud no se apoya en lo externo, sino que actúa en forma independiente. Afuera, conflicto; adentro, confianza y fuerzas para continuar.

Luego de una gran tormenta, un hombre se encontraba caminando por el campo, cuando observó a su paso un nido caído en el piso. Inmediatamente, pensó en lo desanimado y triste que se encontraría el pobre pájaro; pero, para su sorpresa, al levantar la mirada, el gorrión estaba edificando un nuevo nido. ¿Cuál es nuestra actitud cuando se nos cae el nido: quedarnos por tiempo ilimitado en la estación de la queja y de las lágrimas o volver a comenzar? La respuesta será un indicativo de nuestro estado interior.

La actitud del hombre perseverante mira siempre hacia el lugar correcto: Adelante.

La ubicación de los ojos en el ser humano no es resultante de la casualidad. Los ojos están en la cara y, no, en la espalda. De alguna forma, el lugar responde al propósito;

resalta el valor de fijar la vista en lo que viene y no, en lo que sucedió.

Primero: Debe tener una visión: Saber con exactitud dónde quiere llegar.

Segundo: Trace la manera en que va a llegar allí. Elabore una estrategia.

Si la esperanza es colocada en el lugar exacto, el camino puede ser sinuoso, pero el resultado será próspero. Muchos alcanzan su meta, y usted también puede alcanzarla. ¡Corrija su actitud!

La actitud del hombre perseverante no se deja atrapar por las circunstancias.

Algunos dichos populares lo ilustran de manera interesante:

«Siempre que llovió, paró.»

«Nunca llueve todo lo que truena.»

«Después de la tormenta, siempre sale el sol.»

En la vida siempre tendremos que lidiar con los obstáculos, pero lo importante no es el problema en sí mismo, sino dónde decidimos fijar la concentración.

Leí un artículo acerca de Roberto De Vicenzo, el mejor golfista que ha tenido la Argentina. En la nota, él resaltaba diferentes aspectos para tener en cuenta en la práctica del golf. Me interesó uno, en particular, donde hacía referencia a cómo, al dar el golpe a la pelota, *siempre hay que concentrarse en la bandera,* el sitio adonde se pretende llegar, y *nunca, en los obstáculos,* trampas de arena o lagunas de agua. Concentrarse en lo negativo no hará otra cosa que dirigir su golpe hacia allí.

Un instructor le decía a su aprendiz, mientras este trataba de dar sus primeros pasos en el deporte del golf: «Tu cuerpo puede hacer solo lo que tu cerebro ve. Mira el objetivo y pega». La actitud determina el alcance de los objetivos. Para bien o para mal, somos los maestros de nuestros destinos.

Las circunstancias adversas suelen tener una poderosa voz, que pueden lanzarlo hacia el éxito o paralizarlo. Escuché decir a John Maxwell:

«Si quiere angustiarse, mire hacia adentro.
Si quiere derrotarse, mire hacia atrás.
Si quiere distraerse, mire a su alrededor.
Si quiere una salida ¡Mire hacia arriba! ».

No permita que las circunstancias lo atrapen y lo hagan sentir en un callejón sin salida. ¡Siempre hay esperanza para el que cree en Dios! No se centralice en el obstáculo, mire su destino y continúe insistiendo.

Henry Wadsworth Longfellow dijo: «La persistencia es un gran elemento de éxito. Si llamas con suficiente fuerza y continuidad a la puerta, alguien, sin duda, se despertará».

La segunda característica de la vida perseverante es: ***El hábito***
Placer versus valores

Vivimos en la era de la permisividad, donde la felicidad se establece sobre el placer de lo inmediato. Todo está permitido, si el motor es el placer propio. «Si te hace bien, hazlo», dice la voz popular. Desaparecieron las áreas prohibidas; no interesa si está bien o mal, sino el grado de satisfacción del que el hombre pueda gozar.

Una reconocida empresa de alcance internacional, dedicada a la confección de indumentaria deportiva, lanzó su eslogan: «JUST DO IT». En otras palabras: «Sólo hazlo». ¿Hacer qué? Lo que sea. Lo que quiera, lo que le parezca, lo que sienta.

Es la era del vacío, donde no hay valores fuera de la persona. Paradójicamente, el hombre posee infinidad de cosas para satisfacer cuanta necesidad surja, cuanto se le antoje; pero, en su interior, vive más insatisfecho que nunca.

En su libro «El hombre Light», Enrique Rojas enmarca al hombre actual, perdido en los siguientes aspectos: «Materialismo, hace que un individuo tenga cierto conocimiento social por el único hecho de ganar dinero. Hedonismo, pasarlo bien a costa de lo que sea es el nuevo código de comportamiento, lo que apunta a la muerte de los ideales, el vacío de sentido y la búsqueda de una serie de sensaciones cada vez más nuevas y excitantes. Permisividad, arrasa los mejores propósitos e ideales. Revolución sin finalidad y sin programa, la ética permisiva sustituye a la moral, lo cual genera un desconcierto generalizado».

Y luego, remata hablando, específicamente, del hedonismo; dice: «Hedonismo significa que la ley máxima de comportamiento es el placer por encima de todo, cueste lo que cueste, así como el ir alcanzando cotas más altas de bienestar. Además, su código es la permisividad, la búsqueda ávida de placer y el refinamiento, sin ningún otro planteamiento. Así pues, hedonismo y permisividad son los dos nuevos pilares sobre los que se apoyan las vidas de aquellos hombres que quieren evadirse de sí mismos y sumergirse en un calidoscopio de sensaciones cada vez más sofisticadas y narcisistas, es decir, contemplar la vida como un goce ilimitado.

Una cosa es disfrutar de la vida… y otra, muy distinta, ese maximalismo, cuyo objetivo es el afán y el frenesí de diversión sin restricciones. Lo primero es psicológicamente sano; lo segundo, por el contrario, apunta a la muerte de los ideales».

La degradación de los valores

El hombre de nuestra época ha ido atravesando grandes cambios. La vida de hoy no se parece en nada a la vivida por nuestros padres; ni siquiera la vida de nuestros hijos se parece a la nuestra, ellos viven plagados de información y en la era de la computación. Una famosa conductora televisiva, de edad avanzada, días atrás confesó no saber usar su computadora, por lo que, si decidía apagarla, simplemente la desenchufaba.

Lo cierto es que la sociedad ha ido atravesando grandes transformaciones; al principio, el cambio es observado con sorpresa; luego, se lo mira con indiferencia; finalmente, nos acostumbramos, para terminar aceptando lo que nos parece inevitable.

Miramos a nuestro alrededor y, con respecto a determinadas

situaciones, asumimos que están allí, que contra ellas no se puede hacer nada. Esto, poco a poco, ha rebajado la condición humana, transformándonos lentamente en personas huecas y vacías. Existe el agujero de la insatisfacción, el descontento generalizado y el vacío de ideales; hay individuos sin convicción ni compromiso válido. La conducta termina siendo regida por la moda social.

Así, el hombre fue construyendo sus propios dioses, hechos a su medida: la independencia, la violencia, la falta de respeto, la soberbia. ¿Cómo derribar esos gigantes? Con arrepentimiento, regresando al verdadero camino. Volver a un criterio sólido que ha sostenido la humanidad hasta nuestros tiempos, regresar a la verdad. La verdad trae aparejada claridad y seguridad en el caminar.

Cuando las verdades son expuestas, muchos aluden a un retroceso intelectual; se miran los valores como ideas pasadas de moda o arcaicas, inaceptables para la famosa época de «tolerancia» en la cual vivimos. Por tolerancia, se pretende llevarnos a aceptar como bueno, lo malo. «No existen los absolutos, sino que todo es relativo», se nos dice. Pero, sin darse cuenta, se cae en un nuevo absoluto, el de la relatividad.

Retomando el camino

Nuevamente, surge la inquietud: ¿Cómo podemos salir de esta situación? Desechando los atajos que nos han llevado al vacío y regresando a los grandes valores que han sostenido a la humanidad hasta el día de hoy, un legado heredado de nuestros antepasados, padres y abuelos, como así también de las civilizaciones que nos han precedido. Ellos nos dejaron el valor del trabajo, del tesón y de la perseverancia. Hábitos de esfuerzo que no niegan el valor del sufrimiento ya que este es de gran importancia para la madurez y el enriquecimiento personal. La mayor riqueza de un individuo no está determinada por la sumatoria de sus bienes materiales, sino por la fortaleza de su carácter.

El hábito, la reiteración sistemática de un acto, buscará abrir nuevos caminos en la jungla de la vida del hombre y no estancarse en las migajas del presente trivial.

Los caminos del perdón permiten cerrar viejas heridas y nos liberan del odio y la amargura. El camino del amor, el interés genuino por el bien del otro y no solo por el propio permite salir de uno mismo para comprobar, una vez más, que la vida no empieza y termina en uno.

El camino de la humildad aleja del quebrantamiento que, seguramente, sufrirá el orgulloso.

La felicidad no es patrimonio de hacer lo que a cada uno le plazca, sino de caminar bajo las pautas que Dios ha determinado para la vida del hombre. ¡Camine en sus caminos y experimentará la mayor felicidad que nunca jamás se ha imaginado! Solo la reiteración generará sendas distintas que traerán la vida de Dios a nuestra selva.

Dios, el Creador, ha diseñado los hábitos correctos para que la vida del hombre se halle signada por éxito: No hay que buscar ni inventar nuevas formas para alcanzar la felicidad; mire la vieja senda y se encontrará a usted mismo.

Alimentar la perseverancia

Desarrolle el hábito de perseverar. Camine y persevere. El labrador es la imagen del hombre perseverante. Toma la semilla, la siembra y la riega. Aunque no ve los resultados, él confía en que, en su momento, aquello que sembró brotará.

Apreciado lector: tome su sueño, guárdelo en lo profundo de su corazón. Riéguelo con constancia, con una buena dosis de fe. Cuando se sienta exhausto, vuelva a mirar el cuadro que está en su corazón, saque la foto y obsérvela. Construya el hábito de la perseverancia y prepárese, porque el día menos pensado se sorprenderá.

El espíritu de lucha

Siempre resulta más fácil abandonar que continuar, especialmente, cuando el cansancio comienza a golpear a la puerta. A esa altura, se debe desarrollar una estrategia que funcione y, con mucha paciencia, trabajar hasta que la nueva táctica se convierta en un instinto. Es decir, que frente al problema no suframos la reacción emocional de arrojarlo todo, sino que brote de nuestro interior, naturalmente, el contraataque. Algunos piensan que la persona nace con esas cualidades o no, y que, de acuerdo con esto, será propensa a dejarse abatir o a continuar luchando. Yo creo que, más allá de las habilidades naturales, podemos invertir tiempo y esfuerzo en lograr modificar nuestras conductas. No se resigne, arremeta con fuerza para cambiar su manera de pensar y, al tiempo, esto influirá en su manera de ver la vida y de actuar.

Cada hombre es forjador de su propio destino. En palabras de Napoleón Bonaparte: «Circunstancias... ¿qué son las circunstancias? ¡Yo hago las circunstancias!». Y Benjamín Disraeli agregó: «No somos criaturas de las circunstancias, somos creadores de la circunstancia».

Debemos alimentar el espíritu de lucha, ya que por medio de él se logra vencer el golpe de la derrota, y el hombre se repone frente al fracaso.

El espíritu de lucha va más allá de los talentos y las capacidades. Es la predisposición a no dejarse vencer, a no cejar en el esfuerzo hasta conquistar el objetivo.

Los tenistas que están en los primeros veinte puestos en el ranking de la competición no difieren en cuanto a estrategia, técnica o preparación física; pero, sí, en cuanto a la ACTITUD.

Un entrenador, observando a un tenista luchar por escalar su posición, lo expuso así: «Este joven posee el talento innato, ha desarrollado la técnica adecuada y su preparación física es excelente, pero tiene un problema: la actitud mental». Los partidos no sólo se ganan con aptitudes, sino con constancia, perseverancia, venciéndose a sí mismo cuando las horas pasan, y los saques buenos no aparecen. Hay que superar las caídas de ánimo; en algunas oportunidades, llegan a ser partidos de cinco horas, y se debe poseer un fuerte temple. Allí aparece no sólo el cansancio físico, sino el mental. Para vencer hay que mantener la garra, el empuje, LA LUCHA.

¿Cómo podrá alcanzar sus metas? Comenzamos este capítulo destacándolo:
¡Persevere y alcanzará su sueño!

PARA RECORDAR

«La impaciencia nos lleva a abortar los sueños».

«Reconozca a sus enemigos:
El cansancio, el desánimo, la ausencia de resultados,
la imaginación, que inventa logros sin esfuerzos».

«Derrote a su mayor enemigo: El conformismo, el mayor enemigo de lo mejor no es lo peor, sino lo bueno».

«Para alcanzar los lugares que nunca
antes ha alcanzado deberá hacer
lo que jamás antes había hecho».

«Tome tiempo en desarrollar:
Una nueva actitud: no darse por vencido.
Hábitos diferentes. Luche contra el materialismo,
el hedonismo y la permisividad.
Firmeza en sus valores. Perseverancia».

«Recuerde: Cada hombre es forjador
de su propio destino».

Reconozca a sus
enemigos:
El cansancio,
el desánimo, la ausencia
de resultados,
la imaginación,
que inventa logros
sin esfuerzos.

Para alcanzar
los lugares que nunca
antes ha alcanzado
deberá hacer lo que jamás
antes había hecho.

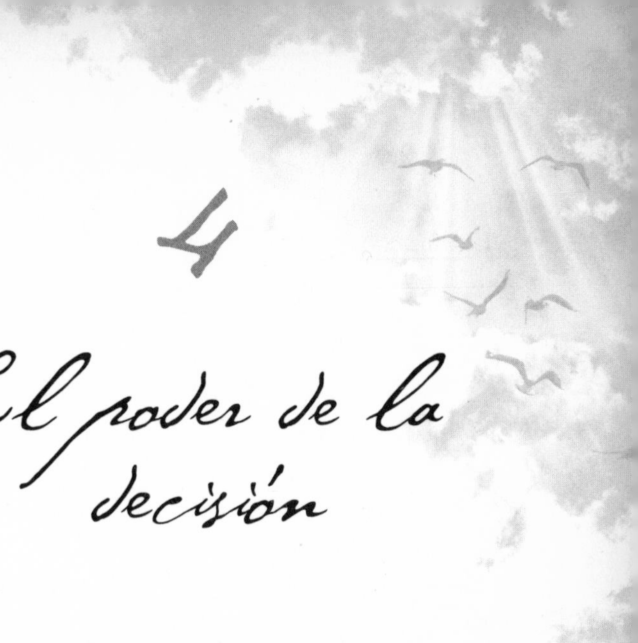

4

El poder de la decisión

Rembrandt fue un reconocido pintor holandés que nació en Amsterdam y vivió entre los años 1606 y 1669. Muchas de sus obras fueron muy famosas; entre ellas, se encuentra una que atrajo mi atención, titulada «El abrazo del padre», en la que se observan las manos de un padre abrazando a su hijo. Según me explicaron, el pintor se inspiró en una historia bíblica, que me parece adecuada para abordar el tema de la decisión. Se cuenta que hace un tiempo...

«Un hombre tenía dos hijos. Un día, el hijo más joven le dijo a su padre: "Papá, dame la parte de tu propiedad que me toca por herencia". Entonces el padre repartió la herencia entre sus dos hijos. A los pocos días, el hijo menor vendió lo que su padre le había dado y se fue lejos, a otro país. Allá se dedicó a darse gustos, haciendo lo malo y gastando todo el dinero.

Ya se había quedado sin nada, cuando comenzó a faltar la comida en aquel país, y el joven empezó a pasar hambre. Entonces buscó trabajo, y el hombre que lo empleó lo mandó a cuidar cerdos en su finca. Al joven le daban ganas de comer aunque fuera la comida con que alimentaban a los cerdos, pero nadie se la daba.

Por fin, comprendió lo tonto que había sido y pensó: "En la finca de mi padre los trabajadores tienen toda la comida que desean, y yo aquí me estoy muriendo de hambre. Volveré a mi casa, y apenas llegue, le diré a mi padre que me he portado muy mal con Dios y con él. Le diré que no merezco ser su hijo, pero que me dé empleo y que me trate como a cualquiera de sus trabajadores»[1]. Entonces regresó a la casa de su padre.

Cuando todavía estaba lejos, este corrió hacia él, lleno de amor, y lo recibió con abrazos y besos. El joven empezó a decirle. ¡Papá, me he portado muy mal con Dios y contigo! Ya no merezco ser tu hijo.

Pero antes de que el muchacho terminara de hablar, el padre llamó a los sirvientes y les dijo: «¡Pronto! Traigan la mejor ropa y vístanlo. Pónganle un anillo y también las sandalias. ¡Maten el ternero más gordo, y hagamos una gran fiesta, porque mi hijo ha regresado! Es como si hubiera muerto, y ha vuelto a vivir. Se había perdido, y lo hemos encontrado!». Y comenzó la fiesta.

¿Qué es la vida? Si tuviera que definirla en una palabra,

---

[1] Lucas 15 11-24 (Biblia de Lenguaje actual)

diría que es una decisión. La vida es la sumatoria de decisiones. Si miramos hacia atrás, veremos que hemos llegado al sitio donde nos encontramos, luego de haber atravesado un sin fin de decisiones.

Desde que nos levantamos por la mañana, comenzamos a decidir: cómo nos vestiremos; si tomaremos el desayuno o no; de qué forma iremos al empleo o a la escuela (en auto, en subte, caminando...), y así, segundo a segundo, continuamos decidiendo. Estas determinaciones podemos enmarcarlas dentro del escenario de lo cotidiano, pero también están aquellas que modifican el destino de nuestra vida.

Lo real es que no podemos revertir el pasado ni volver hacia atrás; pero, por medio de las decisiones de hoy, sí, podemos modificar el futuro.

Las decisiones tienen el poder de hundirnos en el barro o de sacarnos de él.

En 1640, el cardenal francés Richelieu dijo: «Los problemas de estado son de dos tipos, fáciles o insolubles. Son fáciles cuando los has previsto. Cuando te estallan en la cara, ya son insolubles».

La historia del comienzo nos cuenta la experiencia de un joven que vivía muy cómodamente en la casa de su padre, pero decidió marcharse de su hogar y probar sus propias fuerzas, no sin antes pedir a su padre, el cual estaba vivo, la parte de su herencia. Este le dio lo que le correspondía, y él se marchó. A partir de allí, se envuelve en una vida liviana, gasta su dinero en placeres y deleites, hasta que su fortuna es dilapidada por completo. En ese momento, los amigos que lo habían acompañado, al no haber dinero, comienzan a abandonarlo, y el joven empieza a padecer necesidad, a tal punto que es empleado por un estanciero de la zona, que le asigna como tarea el cuidado de sus cerdos. El hambre de ese joven era tan fuerte que, en un momento, mientras los cerdos comían, él desea su alimento. Su decisión lo llevó desde la estancia, de los manteles blancos e impecables, hasta el barro, sumido en el chiquero. El joven decidió alejarse de la casa de su padre, y esto lo llevó a convivir con los cerdos.

Las decisiones determinan nuestro destino. En un momento de la vida, todos nos enfrentamos con decisiones que entran en la categoría de trascendentales y de las cuales dependerá nuestra futura felicidad o agobiante desdicha: La elección de con quién casarse y formar una familia, de qué carreras cursar; la referida a oficios, profesiones, negocios e inversiones, todas ellas marcan, de manera indeleble, el curso de su historia personal.

«Las decisiones nos toman un segundo, pero luego, sus consecuencias perduran toda la vida».

Claves relacionadas con las decisiones

Las personas exitosas se convierten en líderes de su propia vida.

Una de las características de una persona que ejerce el liderazgo es que tiene la capacidad de guiar a sus seguidores en la toma de decisiones. Este liderazgo puede desarrollarse en el hogar, en la empresa, en el trabajo o en cualquier otra circunstancia. El verdadero líder le enseña a sus seguidores a practicar el poder de la elección.

El padre del hijo pródigo durante mucho tiempo le había enseñado a aquel cuál debía ser su conducta; ahora había llegado el momento de que él combinara su conocimiento con el poder de la decisión. Por tal razón, cuando su hijo le expresó sus deseos, el padre, simplemente, se limitó a aceptar la decisión tomada por su hijo. Se corrió y accedió a que su hijo decidiera por sí mismo y de esta manera escogiera su destino.

La vida opera de la misma manera con el hombre. Luego de una etapa de formación, somos confrontados a tener que decidir qué hacer con la nuestra. Son momentos claves en los que decidimos nuestro futuro.

Si elegimos bien, la felicidad estará sembrada en nuestro caminar, si decidimos mal... ya conoce la respuesta.

Ahora bien, usted no es una persona dominada por fuerzas externas. Lo que intento decirle es que usted es su propio líder, solo usted es el que puede decidir qué hacer con su vida; pueden converger en ese instante algunos agentes externos, pero la decisión final está en sus manos.

El hombre y la decisión

En otro sentido, no podemos ignorar que existen situaciones que se encuentran fuera del control del ser humano y sobre las cuales no puede decidir. El hombre no tiene ingerencia sobre la naturaleza: no depende de la decisión del individuo que el sol salga o no, o la continuidad de los días o la sucesión de las estaciones del año. Paralelamente, tampoco se halla en condiciones de determinar el día de su nacimiento, ni de escoger el hogar al cual pertenecer, o quienes serán sus padres o hermanos.

Los jóvenes, por mérito propio, por más que se esfuercen, no logran que la persona de la cual están enamorados se fije en ellos así porque sí, sino que dependen de que el mismo sentimiento que se apoderó de ellos, también, lo haga de su futuro novio o novia. Así están dadas las cosas en este plano.

Sin embargo, existen muchas más áreas, en las cuales sí poseemos ingerencia y sobre las que decidimos. Esto contribuye a derribar mitos que el hombre levantó para desligarse de sus compromisos. Desenmascara la irresponsabilidad que lo lleva a vivir sintiéndose esclavo de lo que lo rodea y excusándose por la forma de reaccionar. Hemos sido distinguidos con inteligencia y, de esta forma, se nos ha dotado con el poder de la elección. Usted elige la manera de responder.

Una de las características que los sicólogos refieren al período de inmadurez en el individuo corresponde a la actitud de no hacerse responsable de los hechos y de asignar un culpable. Sencillamente, es cuestión de hallarlo y, si no está, se inventa, y asunto resuelto. Durante la niñez esto es bastante común, pero en el traspaso de la adolescencia a la vida adulta, debe corregirse. Es allí donde el sujeto comienza a desarrollar su voluntad, por medio del poder de la decisión.

Es madura aquella persona que logró dominar sus instintos primarios y pudo someterlos a la voluntad. En otras palabras: Ha dejado de ser un niño aquella persona que logra decidir por medio del uso de la razón y, no, de los sentimientos.

Las reacciones muestran el grado de madurez y el ejercicio de la voluntad. No puedo evitar que alguien me haga enojar, pero, sí, puedo decidir mi respuesta. Puedo decidir enojarme y reaccionar agresivamente o no. Cuando en su casa, escuela o trabajo alguna persona lo molesta, ¿cómo reacciona? A veces, decimos: contesté de tal o cual manera porque no tuve otra salida. Pero esto no es cierto, yo elijo exasperarme o no.

El joven de la historia no fue presionado por nadie a irse de su casa, fue su propia decisión la que lo llevó a pedirle a su padre la parte de su herencia. No fue incitado ni por su familia, ni por amigos de su entorno íntimo, ni por algún proyecto ambicioso de progreso personal. Simplemente, escogió.

Cuanto antes tomemos las decisiones adecuadas, mejor

Por otra parte, este joven convivió con los cerdos porque en su pasado no tuvo tino en su decisión, erró al blanco.

«El sitio donde estamos hoy es el resultado de las decisiones que tomamos ayer».

Nada más acertado que esta declaración. Entonces, podemos preguntarnos: «¿Dónde estaré mañana?»

Respuesta: «DONDE LO DECIDA HOY».

Debiéramos cuestionarnos, entonces: ¿Qué es lo que quiero?, ¿cuáles son mis deseos y anhelos?, ¿cómo me veo dentro de cinco o diez años?

Fe y capacitación forman un sólido binomio. En el área personal, es muy importante el tiempo invertido en estudiar y capacitarse. De esta manera, luego se le abrirán puertas de crecimiento laboral y desarrollo personal; pero usted debe prepararse para cuando la ocasión se presente. Hay personas que son llamadas para ocupar puestos importantes en su trabajo, pero los pierden porque nunca invirtieron en su educación. Cuando esto sucede, se preguntan: ¿Será que la vida me cerró las puertas o yo mismo lo hago, con mi poca dedicación?

Cuando se cuenta con la posibilidad de que los padres costeen los gastos del estudio, es fundamental gozar de ese beneficio y dedicarse a estudiar.

Nunca hay límite para el que anhele capacitarse y superarse, pero cuando hay que trabajar y, a la vez, enfrentar la responsabilidad de ser cabeza del hogar, el panorama cambia bastante. ¡Aproveche su tiempo, tome buenas decisiones!

Deténgase y piense por un instante cómo anhela estar de aquí a un tiempo, en las diferentes áreas de su vida, y recuerde: «Mañana se encontrará donde lo decida hoy».

¿Cuán feliz será mañana? «Su felicidad responderá de manera proporcional a las decisiones que hoy esté dispuesto a tomar».

La postergación de las decisiones lo único que hará será

retrasar el cumplimiento del sueño. Pero no solo pueden dilatarlo, sino que pueden dar lugar a que nunca llegue. Una decisión a tiempo puede ahorrarle meses y años de amargura. No se demore. Si sabe lo que debe hacer, entonces, ¡decídase!, no siga construyendo excusas o buscando caminos alternativos, no espere a sentir para hacer. ¡Solo hágalo! ¡Decídase YA!

LAS DECISIONES NACEN EN EL CORAZÓN

¿Por qué las decisiones nacen en el corazón?
Porque es allí donde se encuentran las prioridades.
¿Qué es lo más importante para usted?
Porque en el corazón se construyen los modelos.
¿Quién guía su vida? *Porque en lo profundo de nuestro ser se levantan los ídolos.*
¿Ante quién se rinde?

Cuando los problemas quebrantan el corazón

Cuando el joven tocó fondo y se encontró totalmente solo, luego que los placeres momentáneos y la alegría se disiparon, cuando su hambre fue tan profunda que deseó comer la comida de los cerdos; cuando su corazón fue quebrantado, tomó una decisión. La historia bíblica expresa textualmente por boca del joven: «Por fin, comprendió lo tonto que había sido y *pensó*». El joven atravesaba la peor etapa de su vida, todo le había sido quitado y se hallaba profundamente abatido. Es en ese instante y no, antes, cuando él recapacita y toma una decisión: «Volveré a mi casa».

El quebrantamiento lo llevó a tomar una decisión en su corazón. Es allí donde nacen las resoluciones que producen cambios verdaderos.

Las dificultades nos llevan a recapacitar y buscar ayuda y es entonces cuando podemos tomar las decisiones que modificarán la historia de nuestra vida.

LA DECISIÓN DEBE TRIUNFAR SOBRE...

La adversidad

Este hijo que abandonó no solo su hogar, sino la estabilidad de su vida tuvo que enfrentar muchas dificultades. Sin embargo, el ejercicio de sobreponerse ante cada problema le dio firmeza a su carácter.

Al ser sorprendidos por tropiezos inesperados, muchos se desaniman y abandonan. En la Argentina hay un dicho popular que lo expresa así: «Tiró la toalla». Se cansó, abandonó la lucha.

«El hombre con decisión firme llegará más lejos que el inteligente». Solo el hombre con decisión firme logrará ver sus sueños. Se trata de desarrollar una voluntad férrea, firme, constante.

«Debemos esperar lo mejor y, a la vez, estar preparados para lo peor».

Los problemas intentan amedrentarnos y quitarnos las fuerzas, pero si el hombre fija sus ojos en el lugar correcto, nunca se extraviará en su camino.

Esta historia titulada: *Fíjate en la hormiga* hace referencia a este tema: «El desierto ardía como horno encendido.

El sol llameante calcinaba la tierra, y fuertes vientos levantaban olas de arena que ennegrecían el cielo.

En medio del calor una caravana que cruzaba el Sahara, se vio de pronto rodeada de negras nubes y debió buscar refugio donde lo hubiera. Pasado el simún, la caravana, larga y abatida, miró atentamente al cielo, y con paso firme regresó al rumbo que había perdido.

No eran personas ni eran camellos. Eran hormigas. Hormigas que con solo mirar a las estrellas sabían cómo hallar su ruta.

Las hormigas del Sahara tienen un maravilloso instinto de dirección. Si se desvían, con solo mirar las estrellas vuelven a hallar su rumbo.

El doctor Rudiger Wehner, de la Universidad de Zurcí, Suiza, lo explicó así: «Esta hormiga, al levantar su mirada a las estrellas, puede ver patrones de luz polarizada. Eso le basta para conducirse a través de la larga travesía. La hormiga sabe, por instinto, interpretar las señales de los cielos. Sabe dirigirse por vastos desiertos, sin perder la dirección. Labora todos los días de su vida y siempre está a la expectativa de algo nuevo. Nunca deja de actuar, nunca deja de trabajar, nunca deja de producir, pase lo que pase».

El verdadero triunfo en la vida consiste en no mirar los obstáculos que tiene por delante. ¡Vamos, levante su mirada!

La tentación

En algún punto del camino la tentación de abandonarlo todo golpeará su puerta. Podemos pensar que vino de manera inesperada, pero, en realidad, responde a momentos sumamente oportunos para hacer su aparición: vendrá en los momentos de debilidad.

—*Debilidad mental:* sufrida a causa del agotamiento, del estrés.

—*Debilidad emocional:* provocada por la soledad o por problemas en el hogar, en el matrimonio o con los hijos. Largos períodos de enfermedad logran colapsar las emociones.

—*Debilidad interior:* cuando nos encontramos con las defensas internas bajas. Tiempos en los que no se poseen las fuerzas para esperar.

Este joven se encontraba atravesando esa etapa. Sus convicciones estaban siendo puestas a presión. Momentos en que la voz de la necesidad se hace más fuerte que la voz del deber. ¿Qué hacer entonces?

Primero: Identifique los momentos de debilidad

Todos atravesamos momentos de mayor vulnerabilidad. Durante esa etapa debemos hacer un alto y chequear las reservas. Negar la realidad nos debilita aún más. El no saber contra qué se pelea genera inseguridad; pero ser conscientes de nuestro propio escenario de batalla nos permitirá iniciar acciones concretas que garantizarán la victoria.

Segundo: Identifique los puntos de debilidad

Conocernos a nosotros mismos. Saber certeramente las áreas de debilidad en nuestra vida y ser terminantes a la hora de tomar decisiones.

Viva más allá del placer del momento

Como ya hemos señalado la vida es mucho más que gozar de los placeres momentáneos. Jack Lindon llegó a ser un célebre escritor. De joven, para costear sus gastos trabajaba en una lavandería. Sus amigos malgastaban el tiempo libre emborrachándose, pero él tenía un sueño, un deseo, anhelaba llegar a ser un gran escritor. Se preparó, dedicando horas y noches enteras a leer y escribir. Él aguardaba y soñaba hasta que el día llegó. Obtuvo su oportunidad, gracias a su tenacidad.

Si indagamos acerca del secreto del éxito de los grandes hombres que marcaron la historia, veremos que estuvo centrado en la manera en que enfrentaban la vida diaria. El secreto es: El día a día: día a día, decidir correctamente. Las decisiones de todos los días son el fundamento que sostiene una vida de éxito. Decisiones sabias, acertadas, guiarán nuestra vida hacia el triunfo, que no es otra cosa que vencerse a uno mismo, doblegando el placer y desarrollando el dominio propio.

El hijo pródigo sufrió, lo padeció en carne propia; pero, finalmente, aprendió la lección, aprendió a dominarse. *La televisión como instrumento para anular la voluntad*:

No podemos dejar de mencionar que se ha levantado un enemigo que de manera sistemática trata de matar el ejercicio de la voluntad, y este es la televisión.

«La televisión cumple con la ley del mínimo esfuerzo: basta dejarse caer en le sillón, apretar el mando y nada más. No hay que poner el menor acto de voluntad. Pero el *zapping* es ya la carta magna del *super mínimo* esfuerzo: se trata de pasar el rato, de estar distraído, de consumir minutos sin más pretensiones. Es la *evasión,* a través del mundo de la fantasía de las imágenes que van entrando por los ojos y llegan a la cabeza, pero sin archivarse, dada su rápida sucesión y su falta de conexión.

El mando a distancia se convierte en el chupete del adulto. ¡Ay, si no se encuentra, puede ser terrible! Está claro que la incomodidad de tener que levantarse una y otra vez para cambiar de canal hace descender de forma considerable el número de adictos al *zapping*, palabra de procedencia anglosajona que significa golpear, disparar rápidamente...

Por lo general, ver mucho la televisión produce seres humanos robotizados, pasivos, no críticos y, lo que es más grave, sin inquietudes culturales».[2]

No nos dejemos llevar por la corriente, aprendamos a construir la vida a través del ejercicio de la voluntad.

Los fracasos

¡Vaya si fracasó el joven de la historia! Pero lo importante es que se atrevió a levantarse de su frustración.

Toda persona que ha logrado éxito, primero fracasó.

¿Qué hacer frente al fracaso?

Los fracasos nos ayudan a entender

El protagonista de la historia por primera vez en su vida

---

[2] El hombre Light, de Enrique Rojas

recapacitó, PENSÓ, hizo uso de su inteligencia, se hizo cargo de sus propios errores.

Observemos: este joven tenía muchas posibilidades por delante y gran cantidad de buenos momentos por disfrutar, solo debía tomar la decisión de cambiar de rumbo, aceptar la equivocación y volver a comenzar.

Los fracasos tienen la capacidad de enseñarnos a cambiar. Henry Ford olvidó colocar marcha atrás en su primer auto.

Una manera rápida de crecer es saber aprovechar los fracasos. ¿Se equivocó? Usted no es el primero ni será el último, solamente aprenda de sus errores.

Ver el fracaso como un momento y no como en un monumento

Las caídas suceden en un instante, el problema es cuando hacemos de ese momento una imagen congelada que permanece eternamente.

Si el joven lo hubiera hecho, jamás habría podido regresar a la casa de su padre. Paralizarnos no da resultado; si algo no resulta, hay que continuar intentando. La única manera de resolver el dolor del fracaso es seguir probando.

Si no ha encontrado la salida, siga intentando, seguro la hallará. No hay problema que no lleve en sí mismo el germen de su solución. Solo hay que encontrarlo. Probar es mucho más significativo que pasar el resto de la vida en el muro de los lamentos.

Thomas Edison, el inventor de la lámpara eléctrica, probó y aparentemente fracasó cientos de veces, antes de lograr su cometido. Pero un día probó y no falló. ¿No llegó a su meta? ¿Falló? Siga probando, el día menos pensado lo logrará.

Ver el fracaso como una nueva oportunidad y no como una derrota final

No alcanzar el objetivo es una manera de comprender que ese no es el camino, pero que, sin lugar a dudas, debe de haber otra forma de alcanzarlo.

Abraham Lincon «fracasó» en diez oportunidades antes de convertirse en el presidente de los Estados Unidos de Norteamérica.

El fracaso le permitió al hijo pródigo valorar su posición de hijo y entrar en una nueva relación de intimidad con su padre. En algunos momentos, la victoria depende de la capacidad de ver las cosas de otro modo, de cambiar de estrategia.

Dicen que una vez había un ciego sentado en la vereda con una gorra a sus pies y un pedazo de madera en el que, con tiza blanca, tenía escrito: «Por favor, ayúdeme, soy ciego».

Un creativo de publicidad que pasaba frente a él se detuvo y observó unas pocas monedas en la gorra. Sin pedirle permiso, tomó el cartel, lo dio vuelta, tomó una tiza y escribió otro anuncio. Volvió a poner el pedazo de madera sobre los pies del ciego y se fue.

Por la tarde, el creativo volvió a pasar frente al ciego que pedía limosna. Su gorra estaba llena de billetes y monedas.

El ciego reconoció sus pasos y le preguntó si había sido él quien había escrito su cartel y, sobre todo, qué había puesto. El publicista le contestó: «Nada que no sea tan cierto como su anuncio, pero con otras palabras». Sonrió y siguió su camino.

El ciego nunca lo supo, pero su nuevo cartel decía: «HOY ES PRIMAVERA Y NO PUEDO VERLA».

Cuando el resultado esperado no se avecina cambiemos la estrategia, y puede ser que de esa manera, resulte.

Las personas que alcanzan el éxito son las que aprenden a tomar las decisiones acertadas. ¿Lo hará usted?

PARA RECORDAR

*«Puntos clave relacionados con las decisiones:
Usted es su propio líder, sólo usted decide
qué hacer con su vida».*

«Se encontrará mañana donde lo decida hoy».

*«La decisión debe triunfar sobre...
La adversidad: el hombre con decisión firme llegará
más lejos que el inteligente».*

*«La tentación: ¡No abandone sus sueños!
Los fracasos: todo aquel que alcanzó el éxito, primero, pasó
por la escuela del fracaso».*

*«Todo problema lleva en sí mismo el germen
de la solución. Búsquela».*

La vida es una decisión.
Las decisiones
determinan su destino.
Las decisiones nos toman
un segundo, pero luego
sus consecuencias
perduran toda la vida

Las reacciones frente
a las presiones
muestran el grado
de madurez y el ejercicio
de la voluntad.

5

El orden

«A veces, cuesta mucho más eliminar un solo defecto que adquirir cien virtudes» —JEAN DE LA BRUYERE

«Vivimos con nuestros defectos igual que con nuestros olores corporales; no los percibimos; no molestan, sino a quienes están con nosotros» —MARQUESA DE LAMBERT

Una de las cuestiones más olvidadas por el hombre de hoy es el tema del orden. Solemos escuchar hablar de muchas cosas, pero poco y nada acerca de vivir una vida bajo su *amparo*. Me agrada pensar que es justamente el orden el que ayuda a proteger los sueños, porque, de alguna forma, organiza el pensamiento y las acciones, y así se llega a destino justo a tiempo, sin apresuramientos y con grandes cuotas de tranquilidad y alegría.

Si toma tiempo para ordenar su vida interior y exterior, finalmente, alcanzará sus objetivos. Aparecerán maneras y caminos que nunca antes conoció ni transitó. Serán cosas nuevas, nunca antes imaginadas, que lo conducirán hacia la felicidad. Añadirá sabiduría a su caminar diario, si lo hace de manera ordenada.

En cierta ocasión, un hombre joven llegó a un campo de leñadores ubicado en la montaña, con el objeto de obtener trabajo. Durante su primer día de labores taló muchos árboles. El segundo día trabajó tanto como el primero, pero su producción fue escasamente la mitad de la del primer día. Durante el tercer día se propuso mejorar su producción. Golpeó con furia el hacha contra los árboles, pero sus resultados fueron nulos.

El capataz, al ver esto, le preguntó:

—¿Cuando fue la última vez que afilaste tu hacha?

El joven respondió:

—Realmente, no he tenido tiempo de hacerlo; he estado demasiado ocupado cortando árboles.

«El hacha sin filo no corta, si no se le saca filo, hay que golpear con más fuerza. Si quieres prosperar, tienes que saber qué hacer y hacerlo bien».[1]

Somos tentados a pensar que solo el que trabaja duro será recompensado. Esta historia nos señala el valor de trabajar sabiamente y, no solo, hacerlo con rudeza.

No es suficiente poner manos a la obra, sino también,

[1] Eclesiastés 10:10

estar atento a la forma en que lo estamos haciendo. Compara el hacha sin filo con el necio que, tal vez, pueda lanzarse en algún proyecto u obra y no se da cuenta de lo que está haciendo. El hacha afilada la compara con la persona que usa sabiduría en su vida y está atenta para hacer los cambios necesarios.

Buscar la manera de corregir nuestros errores y ordenar nuestro camino nos da sabiduría y nos enseña a sacar más provecho de lo que hacemos.

Si no ordenamos nuestra vida, atravesaremos nuestra existencia con mucho apresuramiento, fatigándonos y, lo que es peor, amargándonos porque no vemos los resultados deseados.

Quizás, esté tan ocupado cortando árboles en su propia vida que no se fije en lo que está pasando a su alrededor.

¿Hace cuánto que no afila su hacha?

Se necesita recuperar el sentido del orden, de lo justo, de lo adecuado, de lo correcto.

Recuperando la coherencia

Urgentemente, el hombre necesita ordenar su andar. Vivimos en el tiempo de la informática, de la Internet, en la explosión de las comunicaciones. Prácticamente, no hay sitio de la tierra donde, si el individuo lo desea, no consiga comunicarse. Pero, a pesar de ello, el hombre se halla más incomunicado que nunca, más solo que nunca. En otro sentido, aunque se viva bombardeado de «información», esta «no dice nada». Es como el antiguo refrán: «Mucho ruido y pocas nueces». Se habla mucho, SE DICE poco. Al período actual se lo denomina como la «Era del vacío». No hay concordancia, coherencia, entre lo que se dice y lo que luego se hace.

Se padece la absoluta falta de contenidos sólidos que logren sostener la vida del ser humano.

Por momentos, se levanta un valor, para luego vivir muy lejos de él. Por ejemplo, el hombre se escandaliza cuando los noticieros informan de un nuevo caso de violación; pero, por otro lado, en la televisión cada día se permiten más programas, sin importar el horario, que hablan de sexo y muestran sexo. Ya no es implícito, todo está explícito. Lo sensual y lo que muestra es lo que se vende. El hombre tiene sus pensamientos desordenados, precisa encontrar el rumbo.

Antiguamente, para ubicarse en el territorio, los pueblos fijaban el oriente, el sitio por donde el sol despuntaba y, de esa forma, lograban trasladarse de un sitio a otro. De allí que, si alguien se hallaba perdido, se decía: está desorientado, perdió el oriente. Creo firmemente que el hombre necesita apremiantemente encontrarse con Dios, así podrá encontrarse consigo mismo y hallar su destino.

¡Cuidado, una termita anda suelta!

Por fuera se veía tan bien, pero, cuando quiso sentarse, la silla de madera se desmoronó. En ese momento un pequeño niño miró a su madre, en busca de una respuesta.

—Mamá, ¿que sucedió? —dijo.

De manera sencilla ella le explicó que un pequeño insecto llamado termita, sin que nadie se diera cuenta, había ingresado dentro de la silla. Luego de instalarse comenzó su labor incansable y silenciosamente, fue comiendo la estructura de la silla, de tal manera que, aunque se veía como silla, ya no servía como tal.

Si quiere prosperar, elimine su termita: El desorden.

Muchas personas poseen grandes talentos y, a la vez, dan muestras claras de ellos, pero, sin orden su vida, no llegarán muy lejos.

En la medida en que avanzamos por la vida y nos tornamos en personas maduras, comenzamos a experimentar el crecimiento de las demandas y compromisos. La agenda se ve colmada con un sin fin de actividades que no pueden ser delegadas a otros y que hay que cumplir a tiempo y horario. El hombre ordenado tendrá una gran ventaja por sobre el que no lo es: llegará al final del día cansado, pero con sosiego, sabiendo que hizo todo lo que debía hacer, y esto produce tranquilidad interior. Poder cumplir con los objetivos eficientemente contribuye a elevar la autoestima del individuo, además de mejorar su reputación frente a los demás.

Cuando una persona no se ordena, no obtendrá lo que se propone y, si llega a la meta, será a través de un mal ejemplo, porque dará pena el modo en que llegó: agotado, desaliñado, malhumorado.

El desordenado llega tarde a los compromisos, difícilmente logrará cumplir con los objetivos diseñados, malgastará mucho tiempo buscando cosas perdidas, ya sea teléfonos o direcciones a las cuales hay que dirigirse para acabar con una tarea indelegable. Su vida será un caos. Esto genera desconcierto en el entorno, la gente que lo acompaña será la primera en sufrir las consecuencias de su desorden.

Otra cosa que hace el desorden es el aplazamiento de compromisos y responsabilidades, se experimenta una acumulación de trabajo por realizar, solo porque no se fue ordenado a la hora de llevarlo a cabo.

Si anhela el éxito en su vida personal, «ordénese», o prepárese para agonizar. No eche por la borda sus talentos, tómese tiempo y organice su vida.

Orden en la vida

¿Por dónde comenzar a poner orden? Comience con las cosas más sencillas. Estas luego serán un fundamento firme que le permitirá ir creciendo hasta que lo alcance en cada faceta de su vida. Por ejemplo, comience a ordenar su lista de correo electrónico.

Me contaron la historia de un hombre un tanto desordenado en esta área: Salió de la nevada ciudad de Chicago para pasar unas vacaciones en el cálido estado de la Florida. Su esposa estaba en viaje de negocios y planeaba encontrarlo allí el día siguiente. Al llegar al hotel, en Florida, el esposo decide enviarle un e-mail a su mujer. Como *no encontró* (típico del desordenado*)* el papelito donde había anotado el E-mail de su esposa, trató de recordarlo de memoria y suplicó que no estuviera equivocado. Por mala suerte, se equivocó en una letra, y el mensaje fue a parar a la esposa de un pastor. El pastor había muerto el día anterior. Cuando la esposa del difunto revisó sus mail, dio un grito de horror y cayó desmayada. Su familia corrió para ver lo que sucedía. Cuando entraron al lugar, leyeron el texto del E-mail en la pantalla de la computadora. El mensaje decía:

«Querida esposa:

Acabo de llegar. Fue un largo viaje. Aquí todo es muy bonito. Muchos árboles, jardines... A pesar de tener aquí pocas horas, me está gustando mucho. Ahora voy a descansar. Hablé aquí con el personal y está todo listo para tu llegada, mañana mismo. Estoy seguro de que te va a encantar.

Besos de tu amoroso esposo.

P.D.: Está haciendo un calor infernal aquí».

Estimar el valor del orden

William James, estudioso de la conducta humana, pronunció: «En general, la gente usa solo una pequeña parte de todos los poderes que posee, y que podría aprovechar en las circunstancias apropiadas».

Cuando leí esto, lo primero que me pregunté fue: «¿Y por qué el hombre no aprovecha todo su potencial?». Existe más de una respuesta, pero una de las razones es que el desorden cotidiano produce confusión y no permite que la persona crezca de manera ascendente en el logro de sus metas. Se llega a todo como se puede, con lo que se puede; sinceramente, apenas si se llega.

¿Cómo podemos convertirnos en personas ordenadas?

¿Existe alguna facultad donde se dicte la carrera «Orden» y podamos cursarla? El orden es un hábito que comienza a ser practicado en las cosas sencillas de todos los días.

La mejor escuela es la vida diaria, y el mejor examen se presenta en la manera en que mantenemos el orden en los horarios, llegando a tiempo a las citas fijadas; o en la forma en que cuidamos de nuestro aspecto físico, lo cual es nuestra carta de presentación; o en cómo combinamos las actividades de la agenda para cumplir lo establecido; o en el orden que se tiene con las cosas de la casa, llámense libros, placard, elementos de trabajo.

Una persona que posee su ropa ordenada será un individuo de pensamientos ordenados.

«El orden externo se relaciona estrechamente con el orden interior».

Por tal razón, desde muy pequeños se les enseña a los niños a mantener y ejercitar el orden exterior, como juntar sus juguetes o respetar el horario de las comidas. En esa etapa aún no pueden, por ejemplo, sostener la coherencia en sus ideas o valores, fluctúan de una realidad a la otra rápidamente, aman y odian a la vez, desean cuando crezcan ser presidentes y al rato quieren ser albañiles o plomeros. Las ideas aún no se encuentran organizadas; pero, en la medida en que se forme el hábito exterior del orden, este será una estructura sólida sobre la cual luego se edificará la vida intelectual o cognoscitiva del niño.

El orden, entonces, debe ser enseñado desde el comienzo de la vida misma; es decir, en el hogar.

En este sentido, los padres son los educadores por excelencia. En la resolución del día a día, ellos, mamá y papá, van plasmando en el hijo el camino del orden, el camino de lo correcto, de lo acertado.

El matrimonio que posee niños pequeños se verá rodeado de mucha alegría y mucho trabajo a la vez. Recuerdo cuando mis hijos eran pequeños. Cuando regresaba a mi hogar, era común entrar a la casa y tratar de evitar todo tipo de obstáculos que mis hijos habían dejado desparramados por el suelo. Una pelota por aquí, otro juguete por allá, un muñeco por otro lado. Por ese entonces, con dedicación, les enseñábamos a los niños a ordenar sus juguetes, tarea nada fácil ni gratificante, ya que ellos se negaban a obedecer y trabajar. Escuchaban a la perfección, pero jugaban a hacerse los sordos. Sin embargo, en el hogar, por medio de la reiteración constante, se logra imprimir el valor del orden. Si se alcanza el objetivo, se habrá legado al hijo una herramienta fundamental para el pleno desarrollo de su vida y seguramente los padres se evitarán algunas de las dificultades que se asocian durante la adolescencia; el niño será un joven maduro y, como consecuencia, ordenado, capaz de tomar decisiones atinadas, y competente para cuanto desafío la vida le presente.

Es el ejemplo de todos los días el que, finalmente, arrastra a la imitación.

Uno no se vuelve ordenado de un momento a otro, sino que para ello se necesita verlo hecho realidad en alguien cercano, se precisa del modelo de los padres, de los hermanos, de familiares, de maestros, de las personas influyentes de la sociedad. «Los valores emergen del ejemplo cercano al que se es expuesto». Recordemos que se educa más por el ejemplo que por la palabra.

El dicho popular dice: «Más vale un hacer que mil decir». La práctica diaria y no, la mera repetición de palabras es la que plasma en la personalidad la conducta. Por ejemplo, un hombre puede argumentar con su hijo mil maneras diferentes de cómo convertirse en un buen padre de familia; pero, sin lugar a dudas, la mejor enseñanza será la que el hijo observe en la vida de su padre. En como este respeta a su esposa y estima a sus hijos y como se encarga personalmente de satisfacer las necesidades de la familia.

En este sentido, su andar cotidiano es un mensaje silencioso pero efectivo de cómo es en realidad.

Cabe recordar que se influye con el ochenta por ciento de lo que hacemos y solo con el veinte por ciento de lo que decimos. El mejor ejemplo para sus seres queridos es su andar cotidiano. «De lejos, impresionamos; de cerca, influenciamos».

El orden supone esfuerzo

El llegar a ser ordenados, en un primer momento, requiere trabajo, y este no es exactamente un buen eslogan para conseguir seguidores. El hombre aspira a una vida confortable con el mínimo esfuerzo.

Una caricatura muestra a un hombre regresando a la casa y preguntándole a su esposa:

—Querida, ¿ya llegó el nene?

A lo cual, ella responde:

—Sí, ¿cómo te diste cuenta?

—Es que hay una media tirada en el living, la mesa está llena de papeles de la escuela y recién acabo de tropezarme con un zapato; —contesta él—. Además, cada cosa marca el sendero hasta la televisión.

Creo que esta escena es frecuente en los hogares. Es mucho más cómodo dejar las cosas tiradas que detenerse a acomodarlas.

Las canciones estimulan a la vida fácil, la vida loca. Esto conduce a miles de jóvenes a sumergirse en una vida liviana, sin amor al trabajo; se promueve como ideal la comodidad, el placer inmediato, el consumir drogas, garantizando placer, sin ningún trabajo previo. Se promueve la evasión del esfuerzo, del compromiso.

Lamentablemente, esta actitud les roba a muchos jóvenes los mejores años de sus vidas. Cuando reaccionan, se dan cuenta de que desperdiciaron el tiempo para estudiar, para capacitarse y desarrollar una profesión. Perdieron una etapa importantísima de la vida, la etapa en que se definen los objetivos, los sueños, en la que se elabora el proyecto personal.

Orden en el uso del tiempo

El orden en la vida se relaciona íntimamente con el manejo del tiempo. El tiempo pasado no puede ser recuperado. William Shakespeare dijo: «Malgasté el tiempo y ahora el tiempo me malgasta a mí». Un poco pesimista, pero real. En cierta ocasión, alguien preguntó a Galileo Galilei:

—¿Cuántos años tiene su señoría?

—Ocho o diez— repuso Galileo, en evidente contradicción con su barba blanca. Y luego explicó:

—Tengo, en efecto, los años que me quedan de vida; los vividos no los tengo, como no se tienen las monedas que se han gastado.

Crecemos en sabiduría si valoramos el tiempo como Galileo. Decimos con asombro: «¡Cómo pasa el tiempo!». Pero, en realidad, somos nosotros los que pasamos.

El astrónomo italiano sabía que acá estamos de paso. Somos peregrinos. La certeza de que nuestro caminar por este mundo tiene un final es el mejor recurso para valorar cada minuto. Así, podemos aprovechar lo único que tenemos: El presente.

Conviene disfrutar cada día como si fuera el último. El ayer ya se fue y el mañana no ha llegado; ¡Aproveche el hoy! Es realista, cuando aquí y ahora elige lo mejor para usted y para los demás, sin lastimarse ni lastimar.

Un día admite veinticuatro horas de mil cuatrocientos cuarenta minutos diarios, lo cual representa ciento sesenta y ocho horas semanales.

Piense en personas reconocidas, hombres y mujeres que contribuyeron significativamente a cambiar la historia de la humanidad, líderes del pasado, investigadores, científicos, o simplemente en gente contemporánea, empresarios, deportistas, educadores, personalidades destacadas; todos ellos tienen una característica: poseen el mismo tiempo que usted. Sus días no son de veinticinco horas.

Aproveche su tiempo en lo que aprovecha

En la actualidad, se levantan imágenes mentales que luchan por ejercer el control en nuestra vida. Por ejemplo, están las:

—Imágenes de salud: se venden pastillas para adelgazar, dietas milagrosas y todo tipo de aparatos que garantizan una silueta tipo "90-60-90".

—Imágenes de éxito: «Tome tal cerveza y las más hermosas chicas se rendirán a sus pies», insinúa una publicidad. O: «Beba tal refresco y se convertirá en Mickel Jordan», proclama otro comercial.

—Imágenes de sensualidad: usar determinada marca producirá un mejor efecto a la hora de la conquista y la seducción.

—Imágenes de status: aquí el rubro es muy variado, va desde la posesión de un celular hasta la de los autos más sofisticados.

El problema es que prometen más de lo que pueden dar y terminan por tener el control de nuestra vida, nos someten. Aquello que más amemos acabará dominándonos.

Un término frecuentemente utilizado es la palabra adicción. El hombre dice ser adicto al trabajo, al sexo, al deporte. Es cuestión de prioridad y de pasión. Resultamos pareciéndonos a aquello que amamos y valoramos: Amamos el dinero... nos hacemos materialistas. Nos amamos a nosotros mismos... nos hacemos egoístas. ¿Dónde tiene su corazón? Siempre tendrá tiempo para lo que ama.

Ejercite la puntualidad

Llegar a la hora acordada a los compromisos o comenzar las actividades, reuniones, charlas, en el horario fijado dan muestra de ser una persona ordenada. Cumplir acabadamente con nuestros compromisos nos hace personas responsables.

En algún momento todos hemos sufrido la desazón que produce el concertar una cita o entrevista a una hora y que nos hayan fallado. Seguramente coincidirá con la expresión de la Marquesa de Lambert, mencionada al comienzo del capítulo: «Vivimos con nuestros defectos igual que con nuestros olores corporales; no los percibimos, no molestan sino a quienes están con nosotros».

Nada más fastidioso que vivir con una persona incumplidora con sus horarios. La impuntualidad es una falla de carácter y una falta de valoración y de respeto por el otro.

A la tan conocida justificación: «Mas vale tarde que nunca», podemos agregar: «Más vale nunca tarde».

Grábese esto: SEA PUNTUAL. Corte con el hábito de llegar tarde. Para ello:

1. Deje de excusarse y convénzase de que llegar tarde habla de una falla en su carácter.

2. Planifique su horario, de manera tal que sepa dónde debe ir y a qué hora debe estar allí.
3. Regálese un tiempo extra para los imprevistos. Renuncie a correr de un lado al otro empujado por los compromisos; si no lo hace, su cuerpo le dará alguna llamada de atención. Juan Wesley dijo: «Siempre estoy de prisa, pero nunca apurado».

La hora del análisis

Si tuviera que definirse, ¿qué diría? ¿Es ordenado o desordenado? Es hora de que realice un alto y se examine. Si advierte que este es su punto débil, deje de esquivar el asunto y comience a hacer algo al respecto. Hay que trabajar y luchar para superar las debilidades y, desde la sinceridad, podremos ayudar a superarse, también, a otros. Se debe comenzar con pequeños ejercicios, persistir y avanzar de a poco. Si cuesta, hay que seguir, de todas formas. Con sacrificio, puede ser que logre poco; pero sin él, es seguro que no logrará nada.

Orden en los objetivos

«Cuatro pasos para el éxito: *planifique con miras a un propósito*, prepárese rogando a Dios, proceda positivamente y prosiga con perseverancia» (William A. Ward).

En reiteradas oportunidades no alcanzamos nada por no tener orden en los objetivos. Cierto día un experto motivador estaba dando una conferencia a un grupo de profesionales. Para dejar en claro un punto utilizó un ejemplo que estos jamás olvidarán. De pie, frente al auditorio de gente muy exitosa, dijo:

—Quisiera hacerles un pequeño examen...

A continuación sacó de debajo de la mesa una docena de rocas del tamaño de un puño y comenzó a colocarlas, una por una, en el jarro. Cuando el jarro estaba lleno hasta el tope y no podía colocar más piedras, preguntó al auditorio:

—¿Está lleno este jarro?

Todos los asistentes dijeron:

—Sí.

Entonces preguntó:

—¿Están seguros?

Y sacó de debajo de la mesa un balde con piedras más pequeñas, de construcción. Echó algunas en el jarro y lo movió, haciendo que estas se acomodaran en el espacio vacío, entre las grandes. Cuando hubo hecho esto, preguntó una vez más:

—¿Está lleno este jarro?

Esta vez el auditorio ya suponía lo que vendría, y uno de los asistentes dijo en voz alta:

—Probablemente, no.

—Muy bien —contestó el expositor.

Sacó de debajo de la mesa un balde lleno de arena y empezó a echarlo en el jarro. La arena se acomodó en el espacio entre las piedras grandes y pequeñas. Una vez más, preguntó al grupo:

—¿Está lleno el jarro?

Esta vez, varias personas respondieron a coro:

—¡No!

Una vez más, el expositor dijo:

—¡Muy bien! Luego sacó una jarra llena de agua y echó de ella en el jarro hasta que estuvo lleno hasta el borde mismo. Cuando terminó, miró al auditorio y preguntó:

—¿Cuál creen que es la enseñanza de esta pequeña demostración?

Uno de los espectadores levantó la mano y dijo:

—La enseñanza es que no importa qué tan llena de objetivos está su vida; si de verdad lo intenta, siempre podrá incluir más cosas.

—¡No! —replicó el expositor— esa no es la enseñanza. La verdad es que la demostración nos enseña lo siguiente: «Si no pones las piedras grandes primero, no podrás ponerlas en ningún otro momento».

¿Cuáles son las piedras grandes en su vida? ¿Un proyecto que usted desea hacerlo funcionar? ¿Tiempo con su familia? ¿Su educación o sus finanzas? ¿Alguna causa que desea apoyar? ¿Enseñar lo que sabe a otros? Recuerde poner las piedras grandes primero o luego no encontrará un lugar para ellas. Piense por un instante cuáles son las piedras grandes en su vida y corra a ponerlas primero en su jarro.

¿Cómo ordenar los objetivos?

De uno en uno

Ordenarlos por categoría es fundamental para ir alcanzándolos de forma segura y creciente. Para ello se necesita contar con objetivos claros y precisos y, no, con una extensa lista de cosas para hacer. Se debe practicar la disciplina y la concentración. Uno de los beneficios de esta es que aumenta la efectividad, ya que elimina la dispersión.

En este sentido es fundamental desarrollar un plan, pues este permite poseer la certeza de hacia donde se desea ir y eliminar aquellas cosas que desvirtúan el destino.

Pero siempre se debe ir de objetivo en objetivo, de uno en uno. Si recientemente inició una tarea y está dando los primeros pasos, ya tiene un objetivo. No intente cargarse con más cosas. Camine poco a poco. Algunos se auto-imponen más responsabilidades y ambiciones, y esto genera cansancio. Paso a paso.

Hay que ir fijando objetivos. Desear varias cosas al mismo tiempo suele ser agotador y estresante, y termina hundiéndonos. Tratemos de no quemar etapas. Paso a paso, de uno en uno

No es lo mucho que hagamos

Activismo es distinto de actividad. Activismo es hacer muchas cosas a la vez. Actividad es hacer menos ruido logrando un mayor grado de efectividad.

Esta comparación puede ayudarnos a comprender la diferencia. Por ejemplo, si usted tuvo la oportunidad de visitar un gallinero, habrá podido escuchar el bullicio que la gallina hace antes de poner un huevo. Comienza a cacarear y la intensidad de su sonido va en aumento, hasta hacernos creer que va a llenar el nido de huevos. Pero, por lo general, luego de tanto alarde, apenas pone un huevo. En el otro extremo del ejemplo, nos encontramos con los peces. Un pez desova millones de huevos sin el menor ruido y se retira en el mismo silencio en que vino. En qué categoría se encuentra: ¿gallina o pez?

Lo que importa no es cuántas cosas comenzamos a hacer, sino cuántas terminamos

En la vida no interesa la cantidad de libros que comenzamos a leer, o en las mujeres la cantidad de tejidos que se iniciaron; sino cuántos libros y tejidos concluimos.

Vamos caminando e involucrándonos en cuanta cosa se nos presente; pero luego, al mismo tiempo, vamos dejando todo por la mitad. Muchos emprendimientos, pero poco o nada de progreso real.

Comience una tarea y acábela. Emprenda una carrera y termínela. Comience el curso que tanto ha soñado y finalícelo. Empiece la dieta y ¡termínela! Cumpla acabadamente lo que se propone.

Beneficios de una vida ordenada

Paz interior

Se goza de la tranquilidad de sentirse orientado y no perdido, es la paz de saber dónde se encuentra cada cosa al momento de necesitarla. Se disfruta de la ausencia total de la improvisación; no hay necesidad de ir creando nuevos caminos; la persona se siente segura tanto de su pasado, como de su futuro; se vive tranquilo.

Alegría

Esta consiste en la satisfacción de sentirse vivo y de luchar por los sueños que se anhelan.

Fijarse metas y pelear hasta alcanzarlas, sin importar a cuántas caídas haya que sobreponerse. Es la alegría por trabajar en lo que se quiere y es fruto de los logros esperados. Es la recompensa a la perseverancia. Es la alegría de saber que «La victoria no se gana en millas, sino en pulgadas. Gana un poco ahora —dice Louis L' Amour— y retén el territorio ganado, y luego gana un poco más».

Excelencia

Es comprobar que los sueños pueden ser realidad y que siempre se puede llegar al destino planificado de forma cabal, sin dejar nada por el camino y sin temer que el resultado sea de menor calidad que el que se deseó. La excelencia habla de llevar adelante las actividades cada día de forma mejor, con dignidad, con una calidad superior a la conocida en la actualidad. No es que se hace «lo que se puede», sino que se hace «como se debe hacer».

Para ello se cuidan los detalles, los pormenores, se realizan cálculos auxiliares para que los imprevistos no frustren la tarea. Se trabaja para que el resultado sea el mejor.

Paz, alegría y excelencia no son bienes para dejarlos pasar. Ordene su vida y prepárese para disfrutarlo.

UNA ÚLTIMA REFLEXIÓN

Se encuentra usted frente a la oportunidad de elevar su vida a un nivel superior. ¿Anhela realmente poner orden en su mundo interior? ¿Sinceramente lo quiere? No siga buscando poner orden desde afuera, llenando la vida con reuniones y actividades o concurriendo a cuanto seminario se dicte; ocupe su tiempo en ver cómo está por dentro.

Busque ordenar su mundo interior, su corazón. Luego de esta experiencia, se lo puedo garantizar, todo cambia. La vida toma las proporciones justas y apropiadas. Podemos relacionarnos con el mundo exterior de forma adecuada, porque por dentro todo está en orden. Las relaciones con la familia, los amigos, compañeros de trabajo o estudio, hasta incluso las relaciones más difíciles, se tornan más saludables. Se puede perdonar, olvidar y servir a los demás de manera generosa.

La vida exterior es afectada por el estado de este mundo interno. Antes de lanzarse hacia afuera, antes de salir a conquistar el mundo, conquiste su propia vida. Practique el retiro silencioso donde la vida se organiza de acuerdo con las prioridades, donde la mente halla el verdadero descanso y donde su espíritu recibe el toque silente de Dios.

¡Deje que Dios visite su corazón, y su mundo será ordenado!

PARA RECORDAR

«Si toma tiempo para ordenar su vida interior y exterior, finalmente alcanzará sus objetivos».

«Ordénese, o prepárese para agonizar».

«Comience por ordenar las cosas más sencillas, para luego pasar a las más importantes».

«Ordene el uso que hace del tiempo. Saque provecho a cada día y cada hora. Sea puntual con sus compromisos, llegue siempre a la hora fijada».

«Trace prioridades en su vida y manténgalas firmes, a pesar de los momentos de presión; no altere su orden jerárquico».

«¡Ordene su mundo interior y todo cambiará!»

Los valores emergen del ejemplo cercano al que se es expuesto. Se educa más por el ejemplo que por la palabra.

Si toma tiempo
para ordenar su vida
interior y exterior,
finalmente alcanzará
sus objetivos.

6

Posea su futuro

«Hemos de atrevernos a pensar pensamientos impensables». — JAMES W. FULBRIGHT

«El futuro pertenece a quienes creen en la belleza de sus sueños». — ELEANOR ROOSEVELT

Tiene un precioso regalo y se llama: FUTURO. Nadie puede adueñarse de él porque le pertenece solo a usted. Lo que está por venir es suyo, ya que solo usted puede transitarlo y darle forma. Lleva su esencia, su aroma, sus sueños; es original, único, es SU VIDA, su propia «Marca Registrada».

Necesitamos sentirnos seguros de que poseemos un futuro, para entonces luchar para que nadie nos robe lo que es nuestro y, finalmente, logremos disfrutarlo.

Jamás se dé por vencido, porque: «SUS MEJORES DÍAS ESTÁN POR DELANTE».

Sin embargo, para poder alcanzar lo seguramente habrá que trabajar, y trabajar duro. La vida le entregó su futuro, pero usted tiene que tomarlo, y esto, muchas veces, significa: luchar y no dejarse caer.

Si camina un poco más, llegará a ver su sueño hecho realidad. ¿De qué manera puede poseer su futuro? Veamos tres indicadores para seguir:

ESTABLEZCA UN PLAN

Soñar no cuesta nada

En realidad, antes de tener un plan, se debe poseer un sueño. El sueño lo lleva al plan. Por tal razón, lo primero que la vida le entrega es un sueño. Cuando una pareja se enamora, lo único que poseen es un sueño, el amor que los une será el motor que generará los medios para establecer la familia. Por eso cuando concibe un sueño, este, con su entusiasmo, lo llevará a encontrar los recursos y las estrategias para poder realizarlo.

Los sueños poseen esa cuota de energía que revoluciona hasta al hombre más estático. Porque los sueños nos devuelven la esperanza, nos empujan hacia el futuro. Según Hellen Keller: «Nunca hay que quedarse acurrucado cuando se siente el impulso de tomar vuelo», y, justamente, poseer un sueño activa el motor interior.

Los sueños nos alientan y motivan a seguir. En la vida todo comienza con un sueño, todo lo que vemos o disfrutamos, fue antes parte del sueño de una persona. Alguien lo pensó, lo deseó y trabajó para lograrlo.

Los golpes de la vida intentan boicotear su capacidad de soñar, por eso es fundamental no perder el entusiasmo. En este sentido, resulta apropiado rodearse de gente entusiasta. Personas que, con sólo mirarlas, nos motiven y nos ayuden a sentirnos mejor.

El sueño posee la capacidad de darle sentido a la vida. Devuelve el deseo de seguir viviendo.

Lector, ¡SUEÑE, Y HÁGALO EN GRANDE!

Walt Disney dijo: «Por muchos que sean los deseos de su corazón, si cree en ellos, sus sueños se convertirán en realidad».

Todos tenemos sueños. No importa quiénes somos ni la edad que tengamos; en realidad, en lo más profundo del corazón, sabemos que somos especiales, que somos diferentes.

Muchos, en vez de darse cuenta de que la vida ofrece oportunidades, desarrollan la actitud de limitarse a aceptar lo que se les ofrece. Así, dejan que la verdadera vida les pase de largo.

Crea nuevamente en usted. Este no es un mensaje para inflar su ego. Lamentablemente, observo a mucha gente por allí que cree que salió fallada, que hubo un error en el diseño o en el molde. No es una persona de «segunda selección», como solemos ver en las tiendas de descuento; usted es de PRIMERA, sin defecto.

Vuelva a motivarse, comience a soñar. El sueño será el

motor que le dará el impulso de luchar por crear un futuro apasionante. Sueñe, y hágalo en grande, porque los grandes objetivos producen grandes motivaciones.

La importancia de poseer un plan

Cada persona es arquitecto y diseñador del futuro de su vida. Un simple repaso por la manera en que invertimos el tiempo provee una interesante reflexión:

Una persona de setenta y cinco años pasa, aproximadamente, veinticuatro años durmiendo; catorce, trabajando; ocho, en distracciones; ocho, en la iglesia; seis, en la educación; seis, comiendo; cinco, viajando; cuatro, conversando; tres, leyendo. ¡Cómo se nos va la vida!, pero justamente el secreto de la planificación es enseñarnos a utilizar el tiempo de manera correcta y sin desperdicios. Planifique y así evitará perder muchos años de su vida.

El sueño, entonces, necesita metas claras y definidas. La meta nos permite alcanzar aquello que deseamos. Los sueños son a largo plazo, las metas son a corto plazo.

Por otra parte, sin meta, no hay destino. Si no tiene una meta, gastará sus días viviendo desorientado.

El destino se marca poseyendo una meta. Es necesario establecer metas que inspiren.

Dijo Ralph Emerson: «Ve y convierte tus palabras en hechos». El fijar metas que lo desafíen y estimulen es un requisito fundamental para poner en juego todas sus potencialidades. Nadie entrega lo mejor de sí frente a metas que carecen de estímulo. Diséñelas lo suficientemente ambiciosas para que pueda dar el máximo de usted. Ellas son las señales kilométricas que le anunciarán que está avanzando en el camino hacia la conquista de sus sueños.

Solo poseyendo un plan, el sueño se hace real. Su Sueño, seguramente, es muy grande para que se encuentre «improvisando».

El futuro le pertenece a la persona que se prepara para él

Para que la oportunidad no lo sorprenda debe disponerse para cuando ella golpee sus puertas. Serán años de esmerada preparación, de formación integral. A nadie le agrada pasar por la escuela del aprendizaje, quisiéramos evitar todo ese trámite engorroso y solo arrojarnos alcanzar la cima, y ya. Lo lamento, pero no funciona así.

En medio del período de preparación, es de gran ayuda aprender y tomar ejemplo de las personas que ya llegaron a la meta que está deseando. No sea tan orgulloso para querer ingeniársela solo. Hay un camino que ellos recorrieron, experiencias que tuvieron, tanto buenas, como malas. Aprenda de ellas. Saque provecho de sus triunfos y especialmente de sus errores, para no tener que pagar en carne propia el precio del error. Dedique tiempo para aprender de los demás y capacítese.

La gente que logra algo es porque tuvo un plan

O posee un plan, o se la pasa el resto de su vida improvisando. Se debe tener en claro dos cosas: Primero: ¿cuál es su anhelo?, ¿cuál es el Sueño? Segundo: ¿cuál será la estrategia o el plan para alcanzarlo? Sin plan, irá hacia donde va el viento, es decir, hacia ningún sitio específico.

El plan lo obliga a dejar el pasado atrás

¿Qué es lo que necesita sepultar en su vida?

El pasado tratará de retenerlo, de distraerlo. En los momentos claves de decisión su pasado se levantará para decirle: «¿Cómo vas a ser feliz con el pasado que tuviste? ¿Es que ya te olvidaste de lo que hiciste?». «¿Cómo vas a reconstruir tu vida luego de la cantidad de veces que lo intentaste y fracasaste? ¿No te das cuenta de que estás destinado a perder?».

«¿Cómo piensas capacitarte? ¿Acaso no sabes que eres un burro por naturaleza? ¿No te decían eso desde niño?». «¿Sueñas con lograr el éxito en tu vida? Tú nunca crecerás. No eres nada ni nadie».

Mi amigo, ¡levántese! Llegó el día de sepultar su pasado. Sea valiente, entierre cosas que quieren retenerlo. ¡Vamos! ¡Siga, no mire atrás, ponga sus ojos en el futuro!

Abandone heridas, fracasos que lo quieren detener. ¡Vamos, levántese! «El pasado es simple material con que fabricamos el futuro». Entonces, ¡manos a la obra, construya su futuro con las lecciones del pasado!

El impacto de tener una meta

La meta transforma mi presente

En efecto, me da:

- Esperanza: puedo creer que todo va a ser diferente.

- Entusiasmo, alegría y satisfacción de estar trabajando por algo. Esto me convierte en una persona positiva.
- Propósito: cada día sé qué es lo que debo hacer. Me permite levantarme y saber por qué estoy vivo.

La meta me ayuda a concentrarme

La distracción tiene el poder de deshacer los sueños. Cuando se posee una meta, se descartan los esfuerzos que no suman.

La concentración es poderosísima. Recuerdo que cuando era niño solía, al juntarme por la tarde para jugar con otros chicos, buscar nuevos entretenimientos. En uno de esos días descubrimos el poder de la lupa. No entendíamos demasiado; pero, por la experiencia, supimos que si en un día soleado colocábamos la lupa sobre una hoja, está se quemaba.

El tiempo transcurrió y luego, en mis años de educación formal, pude comprender por qué se daba este fenómeno. La lupa concentraba los rayos del sol y, de esta manera, sucedía lo que para mis ojos de niño era prácticamente un milagro.

La concentración trae poder. Concéntrese y lo experimentará.

La meta extiende los horizontes

El horizonte es la línea divisoria entre lo que ven nuestros ojos y aquello que no conseguimos ver. El hecho de que podamos observar hasta un cierto punto no es indicativo de que hasta allí llega el mundo o la realidad. La meta le permite ampliar su horizonte, ya que: «Todos estamos bajo los mismos cielos, pero no todos tenemos el mismo horizonte». El horizonte hace la diferencia entre una persona y la otra.

Enemigos de la planificación

Existen dos tipos de enemigos: los que se levantan fuera de nosotros y los que llevamos dentro. Los externos, aunque parecen fuertes, son los más fáciles de vencer; pero los internos suelen ser los más poderosos y cuesta vencerlos.

Es su responsabilidad reconocer y neutralizar los enemigos que están arraigados muy dentro de su corazón. Prepárese para expulsar a sus adversarios internos.

El temor

El temor es un gran inhibidor, limita la capacidad natural del individuo. Así como la fe desarrolla la valentía y saca de nosotros lo mejor, el miedo ahoga y restringe las habilidades personales.

Todos tenemos capacidades, destrezas. Nadie carece de esos regalos. Usted no es entregado en la vida con las manos vacías. Ellos están dentro de usted, a su disposición, listos para ser usados en los momentos necesarios; solo debe reconocerlos y desarrollarlos. Pero cuando sus habilidades se encuentran cercadas por el temor, comienzan a sufrir de asfixia.

De acuerdo con un estudio desarrollado por un grupo

de sicólogos, lo más interesante que sucede con los miedos es que carecen de fundamentos. Tememos posibilidades, la gran mayoría de las cuales nunca llegarán, no se harán realidad.

A la hora de lanzarnos hacia el sueño, el temor le impedirá arrancar. Ni siquiera le dejará probar. «Si realmente queremos vivir la vida, hemos de empezar de inmediato a intentarlo», decía W. H. Auden. No hay que dar más vueltas, la vida es corta, ¡comience ya!

El miedo lo lleva a posponer sus metas y termina acobardándose. Solo la persona que logra derrotar la duda y el miedo triunfa sobre el fracaso.

El desánimo

Así como el temor no lo deja *arrancar*, el desánimo le impide *continuar*. Comenzamos la tarea, pero, poco a poco, vamos perdiendo la energía para seguir, nos quedamos sin combustible.

Las exclamaciones: «¡No puedo más!», «¡No doy más!», «¡Estoy agotado!», «Mejor, dejo todo» son las más usadas. En este punto debiéramos prestar suma atención a la manera de hablar, ya que lo que decimos influencia directamente sobre lo que sentimos y hacemos. Nunca hable de derrota. Hable correctamente, haga el ejercicio de pasar un día completo sin permitirse la más mínima frase que aluda o se acerque a un pensamiento negativo. Verá cómo, al final de su jornada, sus fuerzas estarán en alza. No mencione palabras de derrota, aun en medio de grandes dificultades, donde parecería de caballero aceptar el fracaso. Cuando se halle en serias dificultades háblese a usted mismo de manera esperanzadora. Hay un recurso que está más allá de usted y es infalible, repita: «Todo lo puedo en Cristo que me fortalece», y la ayuda divina acudirá a socorrerlo.

La acción de hablar palabras negativas nos convence de que nada se mejorará y desarrolla una actitud derrotista. Hable palabras buenas, palabras que indiquen alza y, no, descenso precipitado.

Erradique de su vocabulario la palabra «NO», tan pequeña pero tan poderosa: «No puedo, no lo lograré, no es para mí». La palabra «imposible» o el vocablo «demasiado». Cualquier problema parece lleno de dificultad, de cansancio, de impotencia y tristeza. Por tal motivo, no le agregue la palabra «demasiado», use las palabras «fe, esfuerzo, ánimo, confianza, esperanza, persistencia».

Cuando venga el desánimo, enfréntelo rápidamente, así no se encontrará sorprendido por el fracaso, sino que se convertirá en una persona fuerte, solucionando cada desafío que se le presente. Confronte a sus enemigos.

¿Quiere abandonar o continuar? De acuerdo con lo que decida, está decidiendo su futuro.

Poseer una pobre imagen de sí mismo

«Mucha gente evade el crecimiento personal porque produce cierto temor... Y, así, encontramos otro tipo de resistencia, una negación de nuestros talentos, de nuestros más valiosos impulsos, de nuestras más altas capacidades, de nuestra creatividad» (Abraham Maslow).

El concepto que tenga acerca de usted mismo influirá directamente sobre sus objetivos.

La propia imagen afectará, a la hora de elegir tanto el tipo de ropa que usará, como la forma en que la luce, todo desgarbado o con elegancia; o la profesión que abrazará o el cónyuge con el cual compartirá su vida. Hay gente que se cree tan poco que se contenta con la primera persona que se le acerca y le declara su amor. Así, podemos observar, tanto mujeres como hombres, que se conformaron rápidamente, simplemente porque no creyeron que otra persona podía fijarse en ellos.

Aprecie su valor. Dale Carnegie aconsejó: «Encuéntrate y sé tú mismo; recuerda que no hay nadie como tú».

Una buena imagen de sí mismo debe construirse basándose en hechos irrefutables:

El principio del amor: No hay valor más preciado que este, el sentirse y saberse amado; le provee del sentido de pertenencia que todos necesitamos. No está solo, abandonado: DIOS LO AMA.

El principio de grandeza: El hombre fue diseñado para realizarse, creado para tener éxito. En su interior hay una semilla, la semilla de grandeza.

El principio de triunfo: Créalo, ¡usted realmente puede! No mire sus problemas inmediatos, ellos no tienen por qué determinar su futuro.

R. Cooper, en su libro de liderazgo, explica cómo las

fotografías tomadas por naves espaciales en la década de los 60, revelaron, por primera vez, la magnitud de las ruinas antiguas del Medio Oriente, incluida la red de caminos que conducían a las antiguas ciudades y templos. Nada de eso se podía captar desde el suelo; es más, los arqueólogos habían recorrido y examinado ese terreno durante años, sin ver que esos caminos formaban una intrincada red.

Algo similar ocurre en la vida. Cuando nos enfocamos demasiado en nuestra situación inmediata y en lo que nos rodea, percibimos cada vez menos.

No olvide esto: «¡Es un triunfador!»

Manténga claros sus pensamientos

El estadista inglés Disraeli expresó: «Nutre tu mente con grandes pensamientos, pues nunca te elevarás más que tu pensamiento».

Por lo visto, existe una ilimitada forma de extensión que se desarrolla en la mente humana. Durante un viaje de vacaciones que realicé junto a mi familia, tuvimos la oportunidad de visitar, en la ciudad de Orlando, el museo conocido como «Creer o no creer». Allí se encuentran los fenómenos más raros, desde la rueda más grande del mundo hasta cosas hechas con todo tipo de elementos insólitos, como un auto realizado con fósforos. Este lugar mantiene un registro de los record en las diferentes áreas de la vida. Uno que llamó mi atención es el que muestra al hombre más alto del mundo. Uno de mis hijos se tomó una foto con él y, realmente, mi hijo se veía como un pigmeo. Siempre se da que alguna persona rompe con los límites, pero, por lo general, el hombre mide una estatura promedio, que oscila entre 1,60 y 1,80. Pero existe otra manera en que el hombre puede extenderse más allá de sus límites y es por medio de su pensamiento. Por ejemplo, el hombre diseñó diferentes maneras de alcanzar sus objetivos y expandirse. Creó la escalera, y, por medio de ella, agregó unos metros más a su estatura; luego hizo el elevador, con el cual alcanza a extenderse cientos de metros; y el avión, con el que llega a ascender miles. Déjeme señalarle que dentro de usted hay UN GRAN PODER DE EXTENSIÓN.

¡Eleve su manera de pensar!

No se distraiga

Cuán fácilmente nos distraemos y así nos olvidamos de lo más importante. Todas las cosas que comience realícelas hasta acabarlas. En la vida tenemos que enfrentar muchas distracciones, pero si anhela alcanzar el éxito, no se distraiga.

No permita que los problemas personales, las nuevas oportunidades, el casarse y formar una familia, el esperar la llegada de un nuevo hijo u otras cientos de cosas más lo desconcentren. No necesariamente algo debe ser malo para distraerlo; todo lo nombrado recientemente, sin ser malo, también puede tender a restarle fuerzas. Cuide su «sueño».

Renueve su manera de pensar

Desde niños somos influenciados por pautas culturales, sociales y políticas, las cuales nos condicionan a dudar y no creer.

Un hombre se encontró con su amigo y le preguntó: «¿Por qué estás desempleado?». A lo que el amigo le respondió: «Bueno, porque no tengo empleo». ¡Es que a veces esperamos que el empleo venga hacia nosotros!

Existe dentro de usted creatividad e imaginación, no se deje arrastrar por el pensamiento generalizado.

Leí un comentario interesante que aseguraba que: «Por cada minuto de negativismo que pasamos, necesitamos once de afirmación positiva, para volver al balance».

¡Cuánto tenemos que trabajar dentro de nosotros mismos cuando fuimos condicionados por diez, quince, veinte, cuarenta o cincuenta años de pensamientos negativos! Esto llega a ser una cárcel en nuestro interior; cárcel de depresión, de duda, de inseguridad, de frustración, de pesimismo. ¿Cómo podemos ser libres? Mantenga los pensamientos correctos.

Póngase en marcha

Primero: Establezca un plan.

Segundo: Mantenga claros sus pensamientos.

Y por último: Póngase en marcha. «No esperes a que llegue el barco, nada hasta él». William James opinó: «En cualquier proyecto, el factor importante es la fe. Sin la fe, no puede haber resultado de éxito».

La fe es acción, no, solamente creer. Por ejemplo, usted puede creer que un avión vuela, pero esa sola idea, por sí misma, no representa nada para usted; sí, lo hará, cuando se suba a él y vuele.

Fe significa compromiso, el compromiso de caminar para alcanzar sus sueños.

Anímese a arriesgarse

Hay que tener coraje. «La vida se expande o se encoge de manera proporcional a nuestro coraje» (Anais Nin).

¿Qué es el coraje? Es la cualidad del ánimo que mueve a arremeter resueltamente grandes empresas y a resistir las adversidades. Pero algo que debemos aclarar es que coraje no significa «ausencia de temor». Coraje significa «movernos, a pesar del miedo». Coraje es avanzar, a pesar del temor para cumplir la tarea.

Siempre lo más difícil es comenzar, echar a andar el motor. Cuando un motor eléctrico arranca consume siete veces más potencia que cuando está en marcha. Si está dando su primer paso considere que este es el más difícil; pero continúe, ¡siga avanzando!

Emprenda la acción de forma poderosa y continua. «La gran finalidad de la vida no es el conocimiento, sino la acción» (Thomas Huxley). Nunca conseguirá sus objetivos más preciados, si no respalda sus sueños y metas con la acción. Actuar es lo que separa a los que sueñan dormidos de los que sueñan despiertos.

¡Apasiónese con sus sueños y trabaje en pos de ellos!

¡Prométase a usted mismo no abandonar jamás!

Un consejo final

En medio de un mundo cambiante y de tantas inseguridades, es de mucho valor sentir que tenemos un lugar donde acudir, en el cual estaremos seguros y nuestros sueños serán protegidos. ¿Existirá ese lugar en la tierra? Déjeme decirle que sí y que es más real que el libro que sostiene en sus manos.

Recuerde que todo hijo se parece a su padre y usted no es la excepción. Alguien soñó con usted: Dios, y le dio el principio de grandeza. Así como él lo hizo, ahora, usted también puede animarse a soñar. Ponga su vida en las manos de Dios, busque su ayuda y nada será igual. Sentirá las fuerzas para continuar. Su vida, su familia, su trabajo, su economía, su salud, sus tan hermosos sueños serán revitalizados y experimentará una fuerza arrolladora en su interior, cual nunca antes conoció. Me atrevo a asegurarle que, sin duda, alcanzará sus objetivos.

Atrévase a poseer su futuro.

PARA RECORDAR

«Cuenta con un maravilloso regalo y
este se llama: Futuro. Nadie puede adueñarse de él,
porque le pertenece solo a usted».

«Para que sus sueños se conviertan en realidad,
no olvide: Establecer un plan.
El destino se marca poseyendo una meta.
Convertir sus palabras en hechos.
Eliminar el temor, el desánimo y
levantar su amor propio.
Mantener claros sus pensamientos».

«Por cada minuto de negativismo que pasamos,
necesitamos once minutos de afirmación
positiva para volver al balance».

«¡Póngase en marcha!
No espere a que llegue el barco,
nade hasta él».

«La vida se expande o se encoge, de manera
proporcional a nuestro coraje».

«Su futuro se encuentra en sus manos, ¡tómelo!»

«¡Póngase en marcha!
No espere a que llegue el barco,
nade hasta él.»

Acerca del autor

El Reverendo Osvaldo Carnival es Ministro ordenado de la Unión de las Asambleas de Dios y pastor de Catedral de la Fe, una de las congregaciones más numerosas de la Argentina con más de 4000 grupos celulares, a través de los cuales integra a más de 22.000 personas.
Además, es Conferencista Internacional y ha ministrado en las plataformas de diversos seminarios y convenciones en diferentes partes del mundo. www.osvaldocarnival.com.ar
Es autor de varios libros como *La fuerza del liderazgo*, *Pasión por su Presencia* y *Espera siempre un milagro,* entre otros.
Incursionó en diferentes medios de comunicación gráfica, radiales y televisivos. Actualmente es conductor del programa de gran éxito en Iberoamérica, llamado Club 700 hoy, emitido semanalmente en 15 países y 25 estaciones televisivas en todo Iberoamérica. www.club700hoy.com

Pastor Osvaldo Carnival
Av. Eva Perón 1040 (1424) Buenos Aires
Argentina - Tel/fax: 5411-4924-0111
E-mail: osvaldocarnival@sion.com
Visite nuestra página de Internet en:
www.osvaldocarnival.com.ar
Si desea recibir las Reflexionesdiarias del pastor Osvaldo Carnival
solicítelas al siguiente e-mail: osvaldocarnival@sion.com

Una vida con propósito

Rick Warren, reconocido autor de *Una Iglesia con Propósito*, plantea ahora un nuevo reto al creyente que quiere alcanzar una vida victoriosa. La obra enfoca la edificación del individuo como parte integral del proceso formador del cuerpo de Cristo. Cada ser humano tiene algo que le inspira, motiva o impulsa a actuar a través de su existencia. Y eso es lo que usted podrá descubrir cuando lea las páginas de *Una vida con propósito*.

0-8297-3786-3

Liderazgo Eficaz

Liderazgo eficaz es la herramienta que todo creyente debe estudiar para enriquecer su función dirigente en el cuerpo de Cristo y en cualquier otra área a la que el Señor lo guíe. Nos muestra también la influencia que ejerce cada persona en su entorno y cómo debemos aprovechar nuestros recursos para influir de manera correcta en las vidas que nos rodean.

0-8297-3626-3

Nos agradaría recibir noticias suyas.
Por favor, envíe sus comentarios sobre este libro
a la dirección que aparece a continuación.
Muchas gracias.

Vida®

ZONDERVAN®

Editorial Vida
7500 NW 25 Street, Suite 239
Miami, Florida 33122

vida@zovervan.com
http://www.editorialvida.com